Ruth Landy, Michael Landy, David Siegel

Oma Minas Käsekuchen

Familienschätze & Rezepte – die Geschichte unseres deutsch-jüdischen kulinarischen Erbes

Oma Minas Käsekuchen

Familienschätze & Rezepte – die Geschichte unseres deutsch-jüdischen kulinarischen Erbes

Ruth Landy

mit Michael Landy & David Siegel

Die Herausgabe dieses Buches wurde finanziell unterstützt durch:

Gesellschaft für Christlich-Jüdische Zusammenarbeit Pfalz e.V.

Ministerium für Wissenschaft und Gesundheit

Landeszentrale für politische Bildung

LOTTO-Stiftung Rheinland-Pfalz

Stiftung für jüdische Studien

Stiftung Kultur Rheinland-Pfalz

Winzergenossenschaft Deutsches Weintor

VR Bank Südpfalz

1. Auflage 2024
ISBN 978-3-939427-67-4

Für Wilhelmina Weil – Oma Mina
unsere Urgroßmutter

Für die nächsten zwei Generationen Frauen,
die ihre Traditionen in Zeiten des Verlusts
und der Erneuerung bewahrt haben:
Erna Levy, Sue Levy Siegel, und
Cynthia Landy

Für die Enkelkinder

Mina Weil und ihre Nachfahren

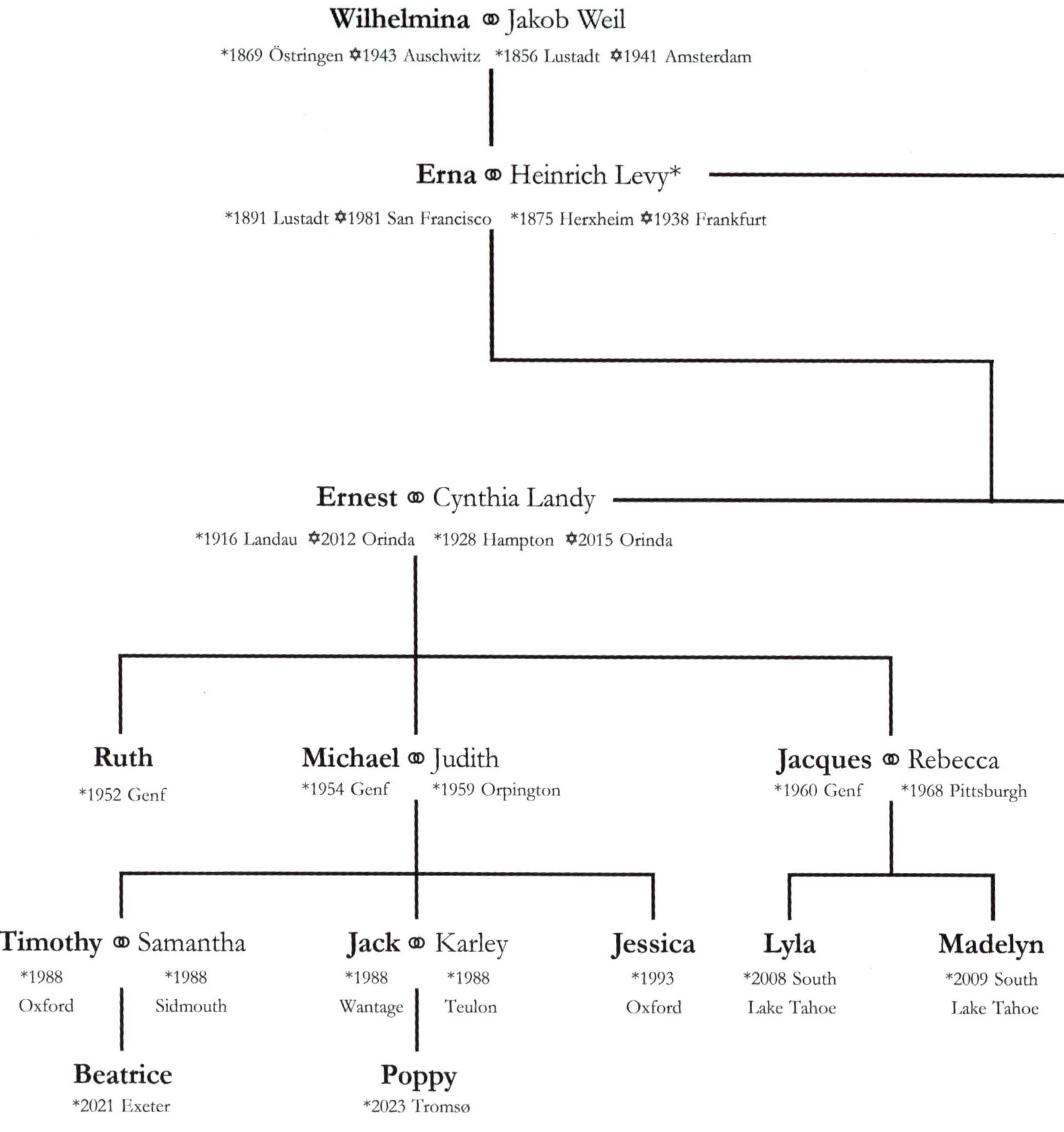

* Erna und Heinrich hatten zwei weitere Kinder, die im Kindesalter starben:
Lorle (1922, 7 Jahre) und Ruth (1934, 14 Jahre)

** Hannah wurde im November 1941 nach Riga, Lettland, deportiert und kam im Holocaust ums Leben

Ernas Geschwister

Emmy
Max
Hannah**
Arthur
Julius
Sidy
Paul

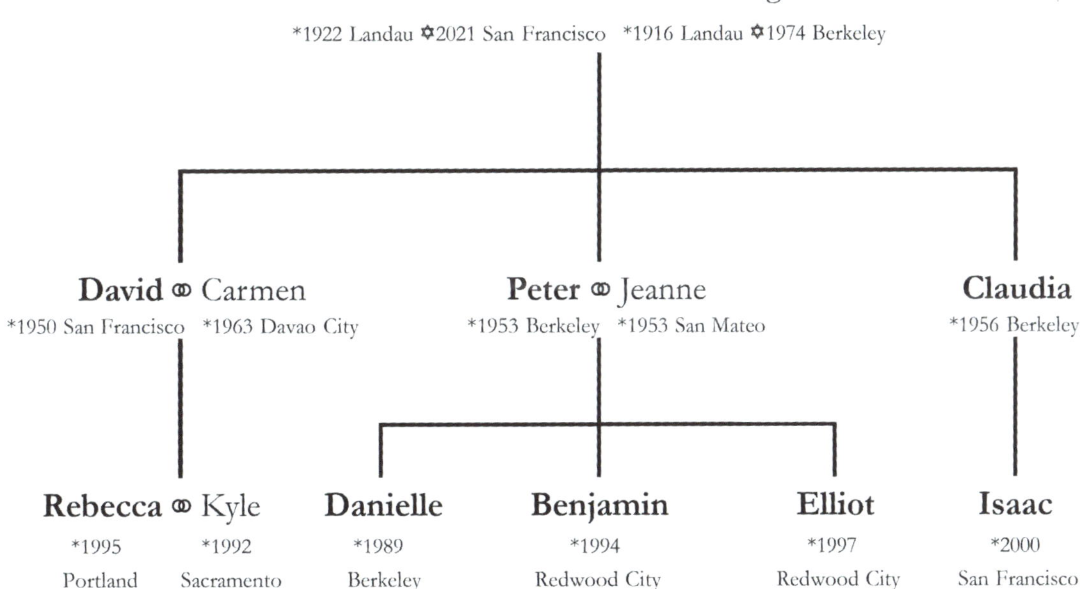

Die Familie Levy entspannt sich im Sommer 1932 im Urlaub im Schwarzwald. Mina Weil liest in der hinteren Hängematte. Als Hitlers Nazi-Regierung die Angriffe auf die Juden verstärkte, wurde die Situation der Familie immer prekärer.

INHALT

Vorwort

Jedes Stück ist saftig und locker und himmlisch, sowohl geschmackvoll wie leicht am Gaumen, mit einem Hauch von Zitrone und Vanille. Seit mehr als einem Jahrhundert ist der Käsekuchen von Mina Weil das Lieblingsdessert unserer Familie, ein purer Ausdruck von Genuss, Behaglichkeit und Tradition. Das Rezept unserer Urgroßmutter, das sie auf einer verblassten Karteikarte hinterlassen hat, war ihre Liebeserklärung an die Nachgeborenen. Wenn man ihren Kuchen mit allen Sinnen genießt, bringt er einen in die alte Heimat zurück.

Zu Beginn des 20. Jahrhunderts war Familie Weil tief in der Pfalz verwurzelt. Die Weils waren Juden der Mittelschicht, deren Vorfahren seit Jahrhunderten dort lebten. Sie waren stolze, aufrechte deutsche Bürger. Sie waren liberale Juden, Mitglieder der Reform-Synagoge. Ihre jüdische Identität zeigte sich am stärksten beim Essen und Trinken. Minas Gerichte reichten von bäuerlich bis raffiniert, jedes wurde mit dem gleichen Stil, Respekt und der gleichen Großzügigkeit serviert. Den Alltag zu Ehren ihrer Gäste zu veredeln, das war für Mina so selbstverständlich wie das Atmen.

Alles änderte sich für die Weils und für die Juden in Deutschland, als Hitler 1933 an die Macht kam. Als sich die antisemitische Verfolgung in den folgenden Jahren verschärfte, waren unsere Familienmitglieder gezwungen, verzweifelt als Flüchtlinge ins Exil zu gehen. Diejenigen, die Glück hatten, bekamen ein Einwanderungsvisum. Sie flohen auf getrennten Routen in die Vereinigten Staaten. Sie waren gezwungen, ihr Heimatland mit weniger als fünf Dollar in der Tasche zu verlassen. Als Hitlers Armeen über Europa herfielen, erhielt Mina kein Visum mehr. Sie versteckte sich vor den Nazis im besetzten Holland. Unsere Urgroßmutter wurde schließlich entdeckt und gezwungen, in einen Zug "nach Osten" einzusteigen. Ihr endgültiges Ziel: das Vernichtungslager Auschwitz im besetzten Polen. Dort wurde sie umgebracht, einsam, ohne Familie.

Wie hat unsere Familie ihre engen Bindungen und Traditionen während der grauenhaften Nazi-Jahre und später als Einwanderer in den USA und der Schweiz aufrechterhalten? In unserer Familie ist das Essen ein Tor zur Erinnerung. Unsere Geschichte ist in unserem kulinarischen Erbe erhalten, das von drei Frauengenerationen bewahrt und weitergegeben wurde. In *The Book of Jewish Food* schreibt die große Lebensmittelhistorikerin Claudia Roden, dass „Speiserezepte wichtig sind, weil sie eine Verbindung zur Vergangenheit sind, eine Zelebration der Wurzeln, ein Symbol der Kontinuität. Sie sind der Teil einer Einwandererkultur, die am längsten überlebt".

Wir sind die Generation, die von den unmittelbaren Schrecken des Nationalsozialismus und des Zweiten Weltkriegs verschont blieb, da wir in den 1950er und 60er Jahren aufwuchsen. Unsere Eltern und Großmutter schirmten uns ab vor dem Leid, das sie selbst erlitten hatten. Sie zogen es vor, uns das Beste aus ihrem Erbe am Esstisch weiterzugeben. Im Laufe der Zeit überlebten ihre Rezepte nur noch in der Erinnerung und auf brüchigen Papierfetzen. Wie die jüdische Lebensweise unserer Vorfahren in der Pfalz könnte auch dieses immaterielle Erbe vollständig verschwinden. Deshalb haben wir 13 Lieblingsrezepte ausgewählt, um sie für zukünftige Generationen zu bewahren.

Im 21. Jahrhundert, das von Ungleichheit, Klimawandel und pandemischen Krankheiten bedroht ist, schwindet die Kraft der Erinnerung an den Holocaust. Hassverbrechen und Antisemitismus sind wieder auf dem Vormarsch, während unsere Welt mit politischer und wirtschaftlicher Unsicherheit zu kämpfen hat. Dieses Werk ist unser persönliches Manifest gegen das Vergessen und gegen die Gleichgültigkeit gegenüber der Vergangenheit, die das Schicksal unserer Familie geprägt hat. Wir wollen diese Dunkelheit nicht leugnen. Aber wir können das Licht verstärken.

Erinnern! Kochen! Feiern! Dieses Buch ist unsere Einladung, das zu tun.

Ruth Landy, Michael Landy, David Siegel

Madelyn und Lyla – die Enkelinnen von Ernest und Cynthia Landy – entdecken die Vergangenheit ihrer Familie, während sie auf dem Überseekoffer sitzen, den ihr Großvater nach Amerika gebracht hat.

Lyla Landy zeigt auf ihr Lieblingsbild von ihrem Großvater Ernest im Alter von vier Monaten.

Darunter das Haus der Familie und das Weingeschäft in Landau, Deutschland.

WARUM KÄSEKUCHEN

Es ist ein frischer Septembermorgen im Jahr **1928** in der Pfalz. Mina Weil arbeitet seit Tagesanbruch in ihrer bescheidenen Bauernhausküche, um ein Essen zur Feier des jüdischen Neujahrs vorzubereiten. Nichts machte unsere Urgroßmutter glücklicher, als die Familie zu bekochen und zu bewirten. Zum Nachtisch macht Mina ihren Käsekuchen. Zuerst den Boden. Mit ihrem schweren Nudelholz rollt sie den Hefeteig aus, formt ihn dann geschickt zu einem gleichmäßigen Kreis und legt ihn in ihre schon etwas abgenutzte Springform.

Die geliebte Nachspeise unserer Familie hat eine lange, reiche Geschichte, die bis ins antike Griechenland zurückreicht. Archäologen entdeckten auf der Insel Samos Käseformen aus dem Jahr **2000 v. Chr.** Ihr Rezept sah vor, den Käse zu einer glatten Masse zu stampfen, ihn mit Honig und Weizen zu mischen und dann diese Masse zu backen. Athleten, die an den ersten Olympischen Spielen teilnahmen, wurde dieser Kuchen als eine Art antiker Kraftriegel serviert, der ihre Kraft und Ausdauer steigern sollte.

Den Römern haben wir es zu verdanken, dass der griechische Käsekuchen mit verquirlten Eiern und Zitronenschale verfeinert wurde. Der Kuchen war eine ihrer vielen Beutestücke, nachdem sie die Griechen **146 v. Chr.** im Achaiischen Krieg besiegt hatten. Die Römer boten den Göttern in ihren Tempeln Käsekuchen als Geschenk an, und das Rezept wurde von Cato dem Älteren, einem römischen Politiker, für die Nachwelt bewahrt. Mit der Ausdehnung des Römischen Reiches verbreitete sich sein kulinarisches Erbe in weiten Teilen Europas. Dabei wurde es von den Völkern an den lokalen Geschmack angepasst.

In der pfälzischen Stad Landau, nicht weit von Minas Haus entfernt, schlägt eine weitere Frau energisch Eigelb für die Füllung des Käsekuchens schaumig. Es ist Oktober **1938** und Erna Levy – Minas älteste Tochter und unsere Großmutter – backt Kuchen für ihre Geschwister, die zu Besuch sind. Kochen ist Ernas Leidenschaft, doch sie wird von Sorgen gequält.

Seit der Machtübernahme Hitlers ist der Alltag der Familie zum Albtraum geworden. Ernas schlimmste Befürchtungen werden bestätigt, als ihre Schwester Sidy die Nachricht überbringt, dass ihre Brüder Arthur und Julius von uniformierten Nazis verhaftet wurden. Welch‘ schreckliches Schicksal erwartet sie nun?

Neun Monate später steht Erna auf dem Deck des deutschen Luxusliners *St. Louis* vor der Küste Floridas. Die Nacht ist heiß und schwül. Es ist Juni **1939**, und in der Ferne blinken die Lichter von Miami. Die Passagiere der *St. Louis* sind nicht auf einer Kreuzfahrt. Es sind deutsch-jüdische Flüchtlinge, die verzweifelt Zuflucht suchen. In der Dunkelheit starrt Erna auf das vom Vollmond beleuchtete Kielwasser des Schiffes. Fasziniert von den weißen, schäumenden Wellen verfällt sie in Träumereien: „Was für glückliche Erinnerungen, in meiner Küche zu stehen und Eiweiß zu Schnee für den Käsekuchen der Familie zu schlagen. Wie sehr ich euch vermisse, meine geliebten Kinder. So Gott will, werden wir wieder vereint sein. Das Erste, was ich tun werde, ist, für euch zu backen."

Es ist Oktober **1950** in einer Ein-Zimmer-Wohnung in San Francisco. In der kleinen Küche gießt Erna vorsichtig die Käsemasse in ihre mit Teig ausgelegte Springform und schiebt sie in den Ofen. Wie durch ein Wunder hatte sie die Marter auf der *St. Louis* überlebt und wurde mit ihren beiden Kindern Ernest und Sue in Amerika wieder vereint. Erna führt zu Hause stolz ihre deutsch-jüdischen Traditionen fort, auch wenn sie sich mit ihrem neuen Leben als Flüchtling und Einwanderin arrangieren muss. Zum Wohl der Kinder zog sie nach Kalifornien. Hier hat ihre Tochter Sue einen Job gefunden und geheiratet. Während ihr Käsekuchen backt, spürt Erna eine innere Welle der Dankbarkeit. Zum ersten Mal ist sie Großmutter geworden.

An einem heißen Augusttag im Jahr **1965** wird erneut ein Käsekuchen tief goldbraun gebacken. Er ist aufgeblasen wie ein Soufflé. Es wird Zeit, dass Cynthia Landy ihn zu Hause in Chambésy, einem Dorf in der Nähe von Genf, aus dem Backofen holt. Zwei ihrer Kinder – Ruth und Michael – feiern Geburtstag. Es war Cynthia, die sich als Ernas fleißigste Schülerin in der Küche erwies. Nachdem sie Ernest geheiratet hatte, verbrachte Cynthia einen ihrer ersten Sommer damit, von ihrer neuen Schwiegermutter in der deutsch-jüdischen Küche unterrichtet zu werden. Cynthia war eine begabte Schülerin, und Ernest war glücklich, dass er während ihrer mehr als sechzig Jahre währenden Ehe immer wieder die Gerichte seiner Jugend genießen konnte.

Ist Käsekuchen wirklich ein Essen für die Götter? Einige uralte Rezepte haben auf wundersame Weise die Zeit überdauert, und Käsekuchen ist eines davon. Juden und andere Einwanderer aus ganz Europa brachten Cheesecake-Rezepte mit in die Neue Welt. Der Käsekuchen nach New Yorker Art ist eine dichte, süße Angelegenheit, die mit einem Graham-Cracker-Boden und Frischkäse zubereitet wird. In den USA gibt es offenbar mehr Käsekuchenrezepte und Varianten als irgendwo sonst auf der Welt.

Im Januar **2018** feiert Sues Enkel Isaac seinen 18. Geburtstag in San Francisco. Obwohl sie schon weit über neunzig ist, hat Sue ihm sein Lieblingsdessert gebacken – Omis Käsekuchen. Das Familienrezept ist heute im Wesentlichen dasselbe wie das von Mina Weil vor hundert Jahren. Freilich, heutzutage bereiten wir den Kuchenboden ohne Hefeteig zu. Ansonsten ist es das Kuchenrezept, das uns unsere Urgroßmutter Mina Weil vor einem Jahrhundert vererbt hat. Ohne Frischkäse, Schokolade, Zitronenmarmor, Kürbis oder andere Verzierungen.

In diesem einfachen Kuchen ist die Vergangenheit noch in jedem Bissen präsent: der Geschmack der Familie, der Geschmack der Heimat.

Isaac Hanly-Siegel feiert seinen 18. Geburtstag im Jahr 2018 mit seinen beiden Großmüttern: Beverly Hanly auf der linken und Sue Siegel auf der rechten Seite.

Erster Teil

Die Geschichte unseres deutsch-jüdischens kulinarischen Erbes

WILHELMINA
als junge Frau

Wilhelmina Meyer: die Tafelfreuden kommen vom Land

Wenn Sie zu besonderen Anlässen an unserem Tisch essen würden, dann würden Sie über einen Ozean und drei Generationen zurückversetzt werden. Die Ursprünge des kulinarischen Erbes unserer Familie liegen geschichtlich im Dunklem, geraten jedoch ab Ende des 19. Jhds. ins Blickfeld. Damals wurde unsere Urgroßmutter Wilhelmina Ehefrau, Mutter, Köchin und eine beliebte Gastgeberin.

Mina, wie sie liebevoll genannt wurde, wuchs im Südwesten Deutschlands, unserer angestammten Heimat, in einer jüdischen Familie auf. Diese Ecke Deutschlands ist für ihre bewegte Geschichte und ihre malerische Kulisse bekannt. Der Rhein, einer der großen Flüsse Europas, durchquert diese Bilderbuchlandschaft. Burgruinen an dramatisch wirkenden Hängen überragen gepflegte Dörfer. Die Weinberge bringen einige der besten Weißweine Europas hervor. Die Essens- und Weinkultur ist eng mit der des Elsass im benachbarten Frankreich verwandt.

In dieser Umgebung erlebte unsere Urgroßmutter zum ersten Mal die Freuden, Sorgen und Ungerechtigkeiten des Lebens. Minas Vater starb, als sie sechs Jahre alt war. Als einziges von neun Kindern überlebte sie die Kindheit. Um ihre Heiratsaussichten zu verbessern, schickten besorgte Verwandte Mina zu einem Kochkurs in ein bekanntes Hotel. Dort lernte sie, eine jüdische Küche zu führen, ein Menu zusammenzustellen und pfälzische Gerichte mit lokalen Erzeugnissen sowie Milchprodukten und Fleisch zu kochen. Es war eine deftige deutsche Küche, aber mit Anklängen an die französisch-elsässische Gastronomie.

Mina freute sich über ihre wachsende Fähigkeit, köstliche Mahlzeiten zu kochen, die ihre Familie ernährten. Gleichzeitig war es eine unaufdringliche Form, ihre tiefe Zuneigung zu ihnen zu zeigen. Doch ihre frühen Verluste in der Kindheit hatten sie Vorsicht gelehrt. Mit genügend Liebe und Demut kann ich vielleicht Gott auf meine Seite bringen, dachte sie.

Im Alter von zwanzig Jahren wurde diese sanfte und anmutige junge Frau, die wegen ihrer schlanken Schönheit weithin bewundert wurde, Jacob Weil zur Frau versprochen. Ihr zukünftiger Ehemann war ein Geschäftsmann aus einer alteingesessenen jüdischen Familie, die in einem Dorf namens Lustadt lebte. Dort beginnt unsere Geschichte.

Die Küche und ihre Einrichtung. 3

nierten Fleischstücke legt, z. B. kleine Hammelkotelettes oder dergleichen und läßt nun 3—4 Minuten den Gegenstand auf beiden Seiten, bei sehr lebhafter Flamme, rösten.

Beim Kochen der Fleischsuppen oder der Gemüse ist dagegen eine gleichmäßig niedrige Flamme das Wesentliche, da der Topf stundenlang derselben ausgesetzt bleiben muß. Wo würde man diese Bedingungen vollkommener erfüllt sehen, als auf dem Gas.

Zu diesen Vorzügen kommt noch, daß man den Ankauf des Feuerungsmaterials erspart, welches Vorratsräume und Kontrolle bedarf, während der Gasverbrauch leicht zu kontrollieren ist. In den Gasapparaten mit Bratröhren kann man auch alle Bäckereien ausführen. Seit vielen Jahren lasse ich alle täglichen Mahlzeiten für unseren Familiengebrauch, so wie für Festtafeln auf einer Gaskochplatte ausführen und kann sie aus Erfahrung für jeden Haushalt empfehlen. Für alleinstehende Personen, die keine Küche haben, ist ein Gaskochapparat unerläßlich, — vorausgesetzt, daß ein Anschluß an die Gasleitung ermöglicht wird. —

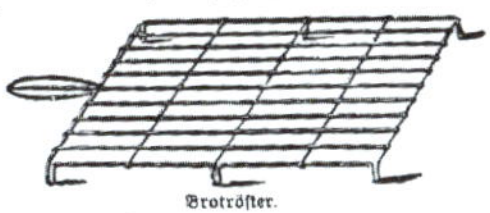

Brotröster.

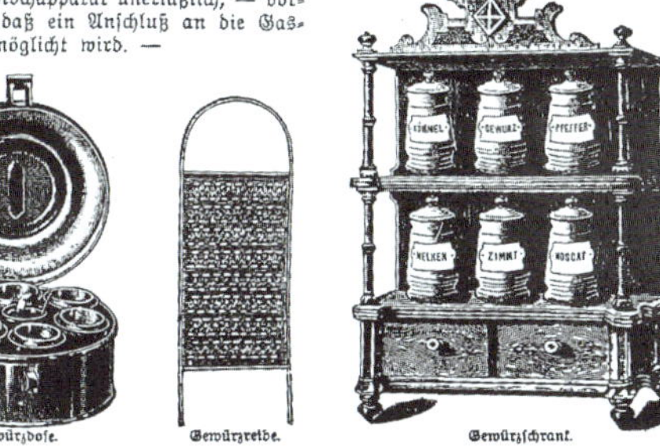

...würzdose. Gewürzreibe. Gewürzschrank.

Von Möbeln gehören in die Küche: 1 Geschirrschrank, 1 Anrichtetisch, 1 Geschirr-·isch, 1 Eimerbank, 1 Abwaschetisch, 2 Stühle und 2 Schemel, 1 zusammenlegbare

Bain-marie oder Wasserbad.

Zitronenpresse.

Eierprüfer.

Trittleiter, 1 Holzkasten, Feuerzange, Schippe und Schaufel, 1 Kohlen-, 1 Asch- und 1 Mülleimer, 1 Uhr, 1 Wage und Gewichte, die aber ihren Platz auch in der Speise-

2*

Im Alter von zwanzig Jahren hatte unsere Urgroßmutter bereits die Kunst des Kochens, der Gastfreundschaft und die besonderen Pflichten eines jüdischen Haushalts gelernt.

Die von Reisenden und Einheimischen geliebte pfälzische Bilderbuchlandschaft

JAKOB & WILHELMINA WEIL
und ihre Kinder im Jahr 1916

Jakob Weil und die Juden in der Pfalz

Als er Mina heiratete, hatte sich Jakob Weil zusammen mit seinen Brüdern bereits im Viehhandel etabliert. Außerdem führte er eine koschere Metzgerei, die die kleine jüdische Bevölkerung von Lustadt versorgte. Die Weils waren Landbewohner, die seit langem in dieser weiten, fruchtbaren Landschaft nur wenige Kilometer vom Rhein entfernt verwurzelt waren. Sie waren aschkenasische Juden, so genannt, weil „aschkenasisch" das ursprüngliche hebräische Wort für einen jüdischen Einwohner Deutschlands war.

Zu Jakobs Zeiten war es Juden im Allgemeinen nicht gestattet, landwirtschaftliche Flächen zu besitzen, so dass viele ihren Lebensunterhalt als Händler und Zwischenhändler im Lebensmittel- und Weinhandel verdienten. Juden lebten in der Pfalz, solange man denken kann. Gehörten die Vorfahren unserer Familie zu den Juden, die die römischen Legionen von Julius Cäsar auf ihrem Weg nach Norden in Richtung Frankreich und Britannien begleiteten? Unsere Leute waren schon damals Händler, die die Eroberungsarmeen mit Lebensmitteln und Waren versorgten. Im Laufe der Jahrhunderte erlebten die rheinischen Juden prosperierende Zeiten, in denen ihre Kultur blühte, aber sie litten auch unter schrecklichen Verfolgungen.

Die Familie Weil hatte das Glück, zwischen den Extremen von Reichtum und Armut zu leben. Zusammen mit anderen deutschen Juden hatten sie 1871 endlich das volle Staatsbürgerrecht erhalten. Noch nie war die Aussicht für Jakob und seine Familie so gut wie zu Beginn des zwanzigsten Jahrhunderts. Durch ihre Adern floss die deutsche Kultur, und sie glaubten, ihr Heimatland sei das fortschrittlichste Land der Welt.

Jakob war ein gutaussehender und selbstbewusster Mann, ein perfektes Beispiel für einen etablierten Bürger. Er war bei den Frauen beliebt, und in der Großfamilie wurde über seine wiederholte Abwesenheit wegen beruflicher und gesellschaftlicher Verpflichtungen getuschelt.

Mina blieb seine treue Ehefrau, die sich in den fünfzig gemeinsamen Jahren nie beklagte. Sie war eine Frau mit tiefen Gefühlen, aber wenigen Worten; sie vermittelte ihre Liebe zur Familie durch tausend alltägliche Gesten. Für Mina war die Kunst und Wissenschaft, ein Heim zu führen, sowohl eine Pflicht als auch ein Vergnügen. Das Zuhause war ihr Reich – und ihr Zufluchtsort.

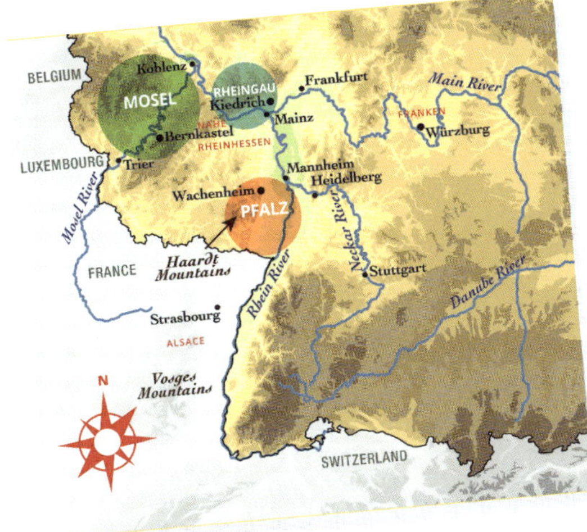

Die Familien Weil und Levy sind seit langem in der deutschen Pfalz ansässig, die für ihre Weine und ihre Gastronomie berühmt ist.

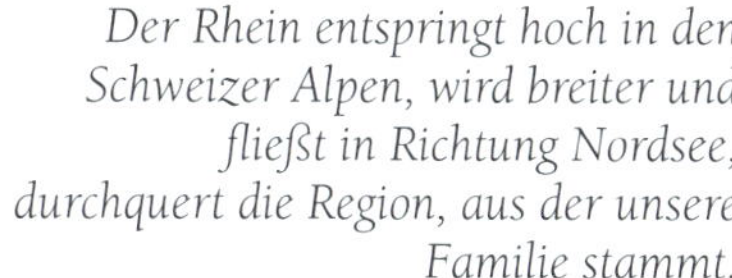

Der Rhein entspringt hoch in den Schweizer Alpen, wird breiter und fließt in Richtung Nordsee, durchquert die Region, aus der unsere Familie stammt.

Jakob Weil im mittleren Alter mit seiner Enkelin Sue Levy.

SIDY, EMMY, ERNA & HANNAH WEIL
von links nach rechts

Der Reichtum des Gartens

Das Dorf Lustadt blühte im Frühling, reifte im Sommer, kochte im Herbst ein und kuschelte sich im Winter ein, wenn der kühle Nordwind in jeden Winkel der Häuser drang.

Die Familie konnte sich keine üppigen Ausgaben für Lebensmittel leisten, aber trotz ihrer ererbten Sparsamkeit war die Qualität dessen, was auf den Tisch kam, und die unendliche Sorgfalt und Liebe bei der Zubereitung wesentlicher Bestandteil des täglichen Lebens unter Minas strenger Leitung.

Die Sommerfrüchte des Gartens – Tomaten und Gurken, Himbeeren und Pflaumen, Birnen und Äpfel – wurden eingemacht, als Marmelade eingekocht oder zu köstlichen Obstkuchen gebacken.

Die Winterkohlernte wurde zu Sauerkraut vergoren. Härtere Rindfleischstücke wurden über mehrere Tage mit Essig, Wasser und Gewürzen zart gemacht. Das Fleisch wurde dann geschmort, gekocht und als Sauerbraten serviert. Dazu gab es saftige Spätzle aus frischen Eiern, die mit Mehl verquirlt und ins kochende Wasser geschabt wurden.

Zu den jüdischen Feiertagen wurden besondere Gerichte zubereitet. Jeden Freitag backte Mina Bersches oder Challah – das zeremonielle Brot der deutschen Juden –, das zum Abendbrot serviert wurde, um den Sabbat, unseren Tag der Ruhe und des Gebets, zu feiern. Durch diese Rituale gab Mina ihre religiösen und kulinarischen Traditionen, in der Gewissheit, dass sie diese bewahren würden, an ihre Töchter weiter.

Das alles machte das Leben lebenswert, aber es bedurfte einer minutiösen Organisation von früh bis spät, um den Haushalt so zu führen, wie es die Standards des deutschen Bürgertums zur Jahrhundertwende verlangten.

Anfang 1914 zählte der Haushalt von Mina und Jakob acht Kinder – vier Mädchen und vier Jungen. Nach Abschluss ihrer Schulzeit halfen Erna und Emmy, die beiden ältesten, ihrer Mutter im Haushalt und bei der Betreuung der jüngeren Kinder. Erna wird die nächste zentrale Figur in unserer Geschichte.

Die Sommerfrüchte des Gartens wurden zur Erntezeit direkt verzehrt, aber auch eingemacht oder zu Kuchen und Torten verbacken.

„Im Garten gab es hinten eine Reihe von Tomatenpflanzen. Ich weiß noch, wie ich als Kind eine pflückte und hineinbiss. Sie war so lecker, wie essbarer Sonnenschein."

Sue Siegels Erinnerung an den Garten ihrer Großmutter Mina

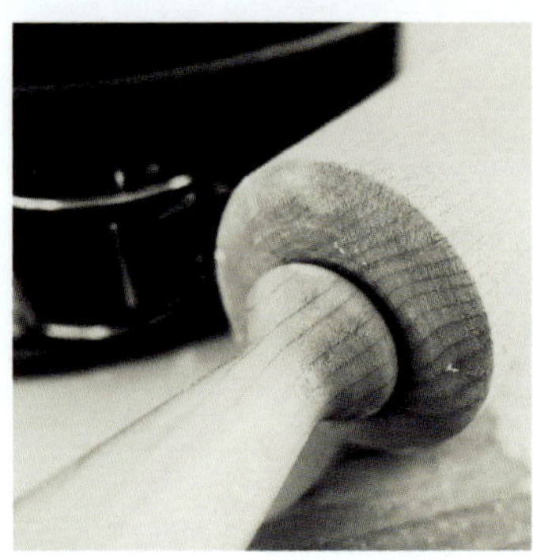

Oma Minas Käsekuchen und die Süße des Lebens

An Minas Tisch gab es kein Essen ohne Nachtisch. Bei ihr gab es nicht die aufwendigen Kreationen von Bäckereien oder Restaurants, sondern sie bot die Nachtische an, die aus den Produkten ihres Obst- und Gemüsegartens gemacht waren.

In der Hitze des Sommers backte Mina aus den Beeren, Sauerkirschen und Pflaumen des Gartens frische Obstkuchen. Im Herbst duftete die Küche nach "Apfel-Charlotte": gehackte Äpfel, gemischt mit Walnüssen, Zucker, Zimt, Weinbrand, Rosinen und Zitronensaft, gebacken auf einem Teigboden. Im Winter war die Linzertorte ein saisonaler Leckerbissen – ein reichhaltiges, mürbes Gebäck mit fein gemahlenen Nüssen, überzogen mit Himbeermarmelade und einem Gittermuster aus dünnem Teig.

Minas beste Kreation war ihr Käsekuchen, der ihr Markenzeichen werden sollte. Sie machte ihn aus einem Hefeteig, den sie mit einer leichten Masse aus verquirlten Eiern, Zucker und Vanille, kombiniert mit Hüttenkäse und saurer Sahne, füllte.

Das Weil-Anwesen wurde zu einem beliebten Ort für Großfamilientreffen. Neunzig Jahre später erinnerte sich Minas Enkelin Sue noch lebhaft an die liebenswürdige Gastfreundschaft ihrer Oma:

Als ich ein kleines Mädchen war, haben wir meine Großmutter Mina besucht. Sie und mein Großvater lebten auf einem kleinen Bauernhof mit einer Scheune und einem Plumpsklo auf dem Hof. Es gab keine Sanitäranlagen im Haus. Die Hühner liefen auf dem Hof herum.

Doch wenn man das Haus von Mina betrat, war es sehr geschmackvoll. Sie verkörperte einen Sinn für Stil, obwohl sie uns in einer sehr einfachen Umgebung empfing.

Damals kochte meine Großmutter noch auf einem Holzofen. Doch in ihrer einfachen Küche zauberte sie die himmlischsten Gerichte. Zu Geburtstagen und anderen besonderen Anlässen backte Mina einen Käsekuchen, den sie auf einer eleganten Servierplatte anrichtete. Ich weiß noch, wie ich dachte: „Das ist das Köstlichste auf der ganzen Welt!"

Sue, in der Mitte, und ihre Geschwister Ruth und Ernest

Sues Erinnerung an das Bauernhaus ihrer Großeltern in Lustadt

Erna Weil: Champagner, Heiserkeit und die Ehe

ERNA WEIL
unsere Großmutter als junge Frau

1914 war Minas älteste Tochter, Erna Weil, dreiundzwanzig Jahre alt, zierlich und damenhaft, und es fehlte ihr nicht an Verehrern. Doch keiner der in Frage kommenden Junggesellen gefiel ihr. Ihre große Familie bildete zusammen mit den Cousins und Cousinen aus Lustadt und den umliegenden Dörfern eine eigene kleine Gemeinschaft.

Im Februar ereignete sich eine zufällige Begegnung. Auf einem Maskenball wurde Erna einem höflichen Herrn namens Heinrich Levy vorgestellt, der wesentlich jünger wirkte als er mit seinen fünfunddreißig Jahren war. Sie tanzten und tranken Champagner, bis Erna errötete und heiser wurde. Sie war aufgeregt und glücklich und spürte in Heinrich eine angenehme Mischung aus Reife und Sanftmut. Ein paar Tage später erhielt Erna eine Postkarte von Heinrich, in der er ein weiteres Treffen vorschlug. „Meine liebe Sprachlose", schrieb er, „wie geht es deiner geliebten Heiserkeit?" Erna zögerte nicht.

Heinrich Levy lebte in Landau, rund 17 Kilometer entfernt. Er war dabei, sich beruflich zu etablieren. Und er war von Erna verzaubert.

Große Aufregung herrschte im Hause Weil, als die Hochzeit von Erna und Heinrich für den 25. Juni angekündigt wurde. Jakob versorgte seine älteste Tochter und Erstgeborene gerne mit einer prächtigen Mitgift. Stapel von Bettwäsche, Tischtüchern und Servietten wurden von Hand bestickt, und die ganze Familie beriet über das Hochzeitskleid.

Am großen Tag gaben sich Erna und Heinrich in der Lustadter Synagoge vor ihren versammelten Verwandten, von denen einige sogar aus Österreich und Amerika angereist waren, das Ja-Wort. Viele Jahre später erinnerte sich ein junges Mädchen aus der Nachbarschaft an die Prozession von Pferdekutschen, die über die kopfsteingepflasterten Straßen von Lustadt rumpelten, als die Familie Weil stolz die erste Hochzeit ihrer Familie im zwanzigsten Jahrhundert feierte.

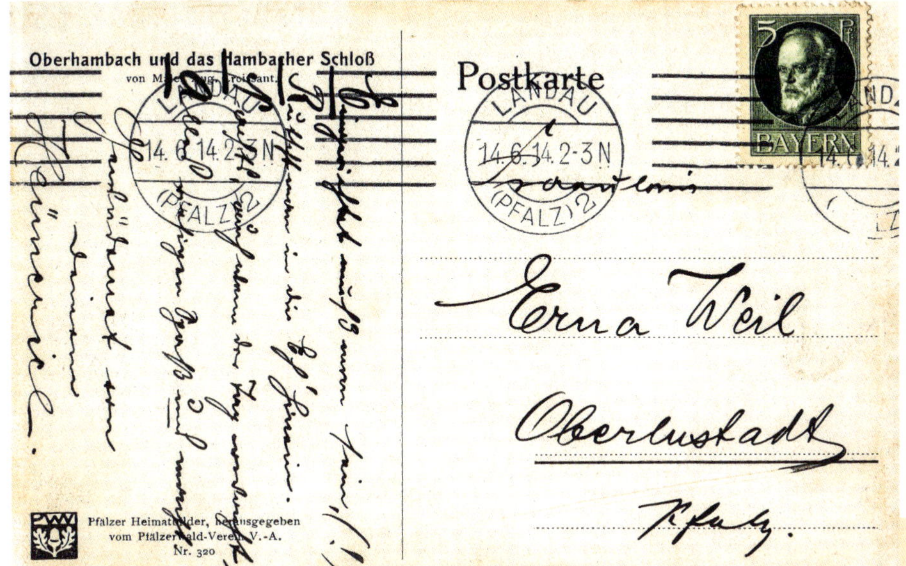
Oberhambach und das Hambacher Schloß

Postkarte

Erna Weil

Oberlustadt

Pfalz.

Pfälzer Heimatbilder, herausgegeben vom Pfälzerwald-Verein V.-A.
Nr. 320

Nach ihrer Begegnung auf einem Maskenball umwirbt Heinrich Levy Erna Weil mit einer Reihe von Postkarten.

Zur

Vermählungs-Feier

von

Fräulein Erna Weil

mit

Herrn Heinrich Levy

am 25. Juni 1914 in

Oberlustadt.

Einladung zur Hochzeit von Erna und Heinrich, die im Juni 1914 in ihrem Heimatort gefeiert wurde.

Das Hochzeitsfest

ERNA & HEINRICH LEVY
auf Hochzeitsreise in der Schweiz

Um den Bund der Ehe von Erna und Heinrich gebührend zu feiern, lud die Familie Weil die Hochzeitsgesellschaft zu einem Bankett in ein beliebtes lokales Restaurant ein.

Die Gäste freuten sich über das Menü, das lokale Traditionen mit raffinierten, dem Anlass angemessenen Gerichten verband. Zu Beginn wurde eine Vorspeisenplatte serviert, gefolgt von der Königinsuppe, einem cremigen Eintopf mit Huhn und Reis, dessen Ursprünge im Frankreich des 17. Jahrhunderts liegen.

Als Hauptgang wurde Roastbeef in einem Gemüsenest serviert, gefolgt von zartem Spargel mit geräucherter Rinderzunge, einer pfälzischen Spezialität.

In den Pausen zwischen den Gängen wurden die Gäste mit Punsch Romain verwöhnt, ein im frühen 20. Jahrhundert hoch geschätzter Cocktail bestehend aus zerhackten Eiswürfeln, Champagner, Wein, Zitronen- und Orangensaft. Erfunden von dem berühmten französischen Koch Auguste Escoffier, erlangte das Getränk Berühmtheit, weil es den Passagieren der ersten Klasse während ihres schicksalhaften letzten Abendessens an Bord der *Titanic* am 14. April 1912 serviert wurde.

Das Hochzeitsessen endete mit einer dunklen Kirschtorte und Eiscreme. Die Kellner servierten je einen Riesling aus der Pfalz und einen Riesling-Sekt von der Mosel. Es wurden viele Trinksprüche ausgesprochen. Strahlend in ihrem Hochzeitskleid und benommen von dem Festmahl dankte Erna Gott im Stillen für ihre vielen Segnungen: für einen attraktiven und aufmerksamen Ehemann, für ihre liebevolle Familie und für die Möglichkeit, mit Heinrich im nahe gelegenen Landau ein neues Kapitel in ihrem Leben aufzuschlagen.

Weniger als zwei Monate nach diesem denkwürdigen Ereignis änderte sich das Leben für Erna, Heinrich und alle in Europa für immer.

Während ihrer Flitterwochen in der Schweiz lasen die beiden die Nachricht von der Ermordung Erzherzog Ferdinands von Österreich in Sarajewo, eine Tat, die den Ersten Weltkrieg auslöste. Heinrich las die Schlagzeile und spürte ein Grauen in seinem Herzen.

Erna und Heinrich Levy an ihrem Hochzeitstag

Das Hochzeitsessen fand in einem bekannten Restaurant statt.

Menu.

ooo

Schwedische Platte — Sherry

—

Königinsuppe mit Huhneinlage

—

Salm und Forellen
mit Remouladensauce und Kartoffeln

—

Roastbeef mit Gemüsenestchen
Sauce madeire — 1911er Deidesheimer Hasenböhl Riesling

—

Spargel
mit Räucher- und Pökelzunge

—

Punsch romain

—

Junge Gans
Salat und Kompott

—

Dessert
Torte, Obst, Eis, Mokka — Sekt, Mosel Riesling Brauneberger

ooo

Souper.

Kalbsbraten, kalte Platten
italien. Salat

G. H. Fix, Landau.

Menü für das Hochzeitsfest

ERNA
mit Lorle, ihrem ersten Kind

Der Erste Weltkrieg: Tod und neues Leben

Kaum waren Erna und Heinrich von ihrer Hochzeitsreise zurückgekehrt, brach der Erste Weltkrieg aus und stellte ihre junge Ehe auf eine harte Probe. Kurz nachdem Deutschland im August 1914 den Krieg begonnen hatte, wurde Heinrich zur Armee eingezogen und musste seine Frau verlassen. Er wurde in der belgischen Stadt Tournai stationiert und diente dort als Übersetzer und Postzensor. Unsere Familie war eine patriotische deutsche Familie, loyal gegenüber ihrer Heimat. Heinrich war stolz auf seine jüdische Identität, aber es gab nie einen Zweifel, dass er seinem Land mit Ehre und Tapferkeit dienen würde.

Ernas erste Jahre als frisch verheiratete Frau waren untrennbar mit dem brutalen Krieg verbunden, der weniger als hundert Kilometer von ihrem neuen Zuhause entfernt tobte. Die europäischen Nationen waren in einen der tödlichsten Konflikte der Menschheitsgeschichte hineingeschlittert. Als die Alliierten Deutschland 1918 besiegten, waren mehr als 16 Millionen Menschen, Soldaten wie Zivilisten, tot.

Für Mina und Erna waren die Kriegsjahre mit täglichen Entbehrungen und Sorgen verbunden. Ernas Herz brach, als bei Lorle, ihrer Erstgeborenen, kurz nach der Geburt Polio diagnostiziert wurde. Lorle war halbseitig gelähmt und konnte nicht sprechen. Die Ärzte konnten ihr keine Behandlung anbieten und sie starb einige Jahre später.

Trotz des traurigen Beginns ihrer Ehe und trotz des Krieges waren sich Erna und Heinrich einig, dass sie eine Familie wollten. Erna wurde erneut schwanger, als Heinrich sie in einem Fronturlaub besuchte. Sie brachte Ernest – unseren Vater und Onkel – im Dezember 1916 zur Welt, in den dunkelsten Tagen des Ersten Weltkriegs. Heinrich blieb an der belgischen Front. Er lebte leider nicht lange genug, um von der Hochzeit seines Sohnes mit Cynthia Briggs, einer jungen Engländerin, zu erfahren. Ihr Vater, Percy Briggs, war Soldat in der britischen Armee und stationiert an der belgischen Front. Damals: Heinrichs Feind in einem verheerenden und sinnlosen Gemetzel.

Am Ende des Krieges herrschte in Deutschland eine große Hungersnot. Erna hatte das Glück, etwas Frisches aus dem elterlichen Gemüsegarten in Lustadt zu bekommen. Glücklicherweise war Heinrich auf Urlaub, als am 11. November 1918 der Waffenstillstand unterzeichnet wurde. Der katastrophale Konflikt war endlich vorbei.

Heinrich im Dienst als Postzensor bei der deutschen Armee in Tournai, Belgien

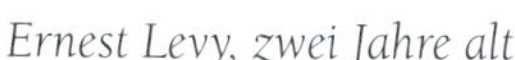

Ernest Levy, zwei Jahre alt

Der Marktplatz von Landau im frühen 20. Jahrhundert

Erna kaufte regelmäßig auf dem Bauernmarkt ein, obwohl während des Ersten Weltkriegs Lebensmittelknappheit herrschte.

SUE, ERNEST & RUTH
vor einem Weinfass, um 1927

„Die Ernte im Herbst war die bunteste Zeit bei uns zu Hause. Pferdewagen kamen durch das eiserne Tor in unseren Hof, beladen mit Trauben. Die Arbeiter benutzten Heugabeln, um die Früchte in große Metallkörbe, auf den Rücken geschnallt, aus dem Weinberg zu transportieren. Es war wie eine Szene aus dem Mittelalter."

— Kindheitserinnerungen von Heinrich Levys Tochter Sue

Unser Großvater, der Weinhändler

Kurz nach der demütigenden Niederlage Deutschlands im Ersten Weltkrieg beschloss Heinrich, zusammen mit seinem älteren Bruder Hermann in das Weingeschäft einzusteigen. Ihre Anfänge waren bescheiden: Sie fuhren mit dem Fahrrad in die umliegenden Dörfer, verkosteten dortige Fassweine und brachten Proben in kleinen Flaschen mit, um sie an interessierte Käufer weiterzugeben. Die Pfälzer Juden waren seit langem als Zwischenhändler im Handel tätig – sie lagerten und assemblierten die gekauften Trauben und den Most und suchten Käufer für die fertigen Cuvées. Die Weinherstellung in der Pfalz lässt sich bis in die Römerzeit zurückverfolgen und war lange Zeit einer der wichtigsten Wirtschaftszweige in Landau.

Da die Preise nach dem Krieg gesunken waren, konnten die Brüder ein Anwesen mit zwei Wohnungen, Büroräumen und Kellern zur Lagerung und Reifung ihrer Weine erwerben. Heinrich war ein leidenschaftlicher Geschäftsmann, der den Großteil des Verkaufs übernahm und seine Kunden zweimal im Jahr besuchte. Die Gebrüder Levy waren vor allem für qualitativ hochwertige, unprätentiöse Weißweine für den täglichen Gebrauch bekannt, die sie zur Hälfte als Fass- und zur Hälfte als Flaschenweine an den Großhandel verkauften. Sie führten auch Rieslinge aus angesehenen Weinbaugebieten der Pfalz, die für ihre Finesse, ihre süße Säure und ihren unvergesslichen Duft bekannt waren. Das Etikett der Brüder wurde recht bekannt, und das Unternehmen florierte zwischen 1920 und 1930.

Nach Hitlers Machtergreifung 1933 begannen Heinrich und Hermann aufgrund der von den Nazis inszenierten Boykotte und des zunehmenden Antisemitismus Kunden zu verlieren. „Da das Geschäft Hermann Levy-Landau hieß, überlegten mein Vater und mein Onkel, wie sie den Namen ändern könnten", erinnert sich Ernest. „Sie fanden ein nicht mehr existierendes Unternehmen namens Herman Lehr, das sie als weiteres Etikett übernahmen. Die Leute, die den Wein kauften, wussten sehr wohl, woher er kam, aber vielleicht war es ihnen lieber, Flaschen mit einem nicht-jüdisch klingenden Namen im Regal zu haben."

1938 verschlechterte sich Heinrichs Gesundheitszustand, und die deutschen Juden litten unter Hunderten von diskriminierenden Gesetzen und Vorschriften. Die Brüder waren gezwungen, die Firma abzuwickeln und ihren Besitz mit einem hohen Verlust an einen örtlichen Lebensmittelhändler zu verkaufen. Später wurde er von einem Geschäftsmann gekauft, der den Keller für die Sauerkrautherstellung nutzte.

Professionelle Weinverkostung in Landau

In den Jahren, in denen die Familie im Geschäft war, gab es etwa fünfzig Weinhändler in der Stadt – nach Ernests Erinnerung waren etwa die Hälfte von ihnen Juden.

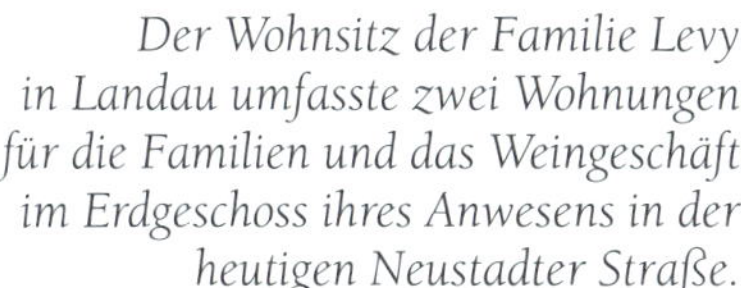

Der Wohnsitz der Familie Levy in Landau umfasste zwei Wohnungen für die Familien und das Weingeschäft im Erdgeschoss ihres Anwesens in der heutigen Neustadter Straße.

Die Weinberge in der Pfalz lieferten die Trauben für die Spitzenweine der Brüder.

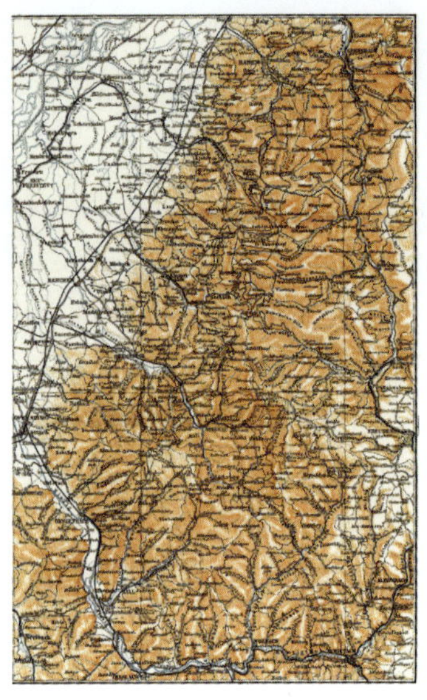

DER NORDSCHWARZWALD
Karte von 1906

Wälder, Obstkuchen & Kiefernhonig

In den späten 1920er und frühen 1930er Jahren – einer unruhigen Zwischenkriegszeit – unternahm Heinrich mit der Familie Sonntagsausflüge mit der Bahn in das Haardt-Mittelgebirge westlich von Landau. Diese Sonntagsausflüge und die Sommerferien waren zweifellos die beste Zeit für die Familie, erinnerten sich Ernest und Sue mehr als ein halbes Jahrhundert später.

Die Familie verbrachte die Sommerferien im *Schwarzwald*, einer idyllischen Region in Süddeutschland, die für ihre dichten Wälder, idyllischen Wiesen und charmanten Dörfer bekannt ist. Heinrich mietete in dem Dorf Dobel ein Haus, das groß genug war, um die Familie zu beherbergen – einschließlich Oma Mina als Ehrengast.

Die gemeinsame Zeit mit der Familie am Tisch war ein Höhepunkt. „Meine Mutter kochte eine nahrhafte und kräftige Kartoffel-Gemüsesuppe, die sie durch ein Sieb pürierte", erinnerte sich Sue. „Zum Nachtisch backte sie einen einfachen Obstkuchen aus Hefeteig, belegt mit frischen wilden Blaubeeren, die wir Kinder stolz gepflückt hatten. Das Essen hatte eine bäuerliche Qualität, nicht oppulent oder ausgefallen. Ich liebte es."

„Ich habe unsere Eltern, vor allem Papa, nie so sorglos gesehen wie damals", erinnert sich Ernest. Wanderungen im Schwarzwald sorgten für unauslöschliche Erinnerungen: „Der Duft der grünen Wiesen und der Geruch der Tannennadeln sind mir bis heute in Erinnerung geblieben."

Sue erinnerte sich lebhaft an die Begegnung der Familie mit einem Förster im Wald, der wilden Honig von einer Kiefer sammelte: „Er hatte eine tiefgrüne Farbe und ein wunderbares, nach Kiefern duftendes Aroma. Der Förster füllte den Honig aus seinem großen Behälter in unseren kleinen. Wir bezahlten ihn und nahmen ihn mit nach Hause, um ihn auf ein dickes Stück Bauernbrot zu streichen."

Die einfache Freude von damals währte nicht lange. „Es war während einer dieser Sommerferien, als uns die Realität der politischen Situation in Deutschland zu dämmern begann", erinnerte sich Ernest. „1930 machten mein Vater und ich einen Spaziergang durch das Dorf, als wir einer langen Autokolonne mit Hakenkreuzfahnen begegneten. Es war die Zeit vor den Reichstagswahlen im September desselben Jahres. Knapp zwei Jahre später, im Januar 1933, wurde Hitler Reichskanzler. Es war ein tiefer Schock, dass antisemitische Extremisten nun eine konkrete Bedrohung für uns alle darstellten."

Der Schwarzwald ist nach seinen dichten Kiefernwäldern benannt, die die Sonne nur schwer durchdringen kann. Er wird seit langem als eine der schönsten Naturlandschaften Deutschlands gefeiert.

Die Sommerferien im Schwarzwald waren die schönste Zeit für die Familie Levy.

Oma Mina liebte die Zeit in der Natur mit ihren Enkeltöchtern Sue und Ruth Levy.

Einfache Obstkuchen aus handgepflückten Blaubeeren waren ein besonderes Urlaubsvergnügen.

DIE LEVYS
auf dem Weg zur Synagoge. Der einzige Anlass, zu dem Heinrich seinen schwarzen Seidenzylinder trug.

Aufstieg des Naziterrors

1933 errichtete Adolf Hitler in Deutschland eine Nazi-Diktatur und verkündete seinen Hass auf die Juden. Die Stimmung am Esstisch der Familie Levy verdüsterte sich. Ernas Mahlzeiten wurden immer noch mit der gleichen Liebe und Sorgfalt zubereitet. Heinrichs Weine schmeckten immer noch spritzig und erfrischend. Der Blick auf die Obstbäume im Garten war so beschaulich wie eh und je. Doch von diesem Zeitpunkt an sollte für unsere Familie nichts mehr so sein wie zuvor. Im Juni desselben Jahres begannen in Landau die Einschüchterungsversuche der Nazis; Juden wurden geschlagen, ihr Eigentum wurde zerstört. Juden wurden gezwungen, in einer Parade durch die Straßen zu ziehen, um dann unter Ausschluss der Öffentlichkeit ausgepeitscht zu werden.

Im Jahr 1934, als der Antisemitismus den Alltag zu durchdringen begann, wurde die Familie von einer persönlichen Tragödie heimgesucht. Ruth, die geliebte älteste Tochter von Erna und Heinrich, erkrankte schwer an Meningitis. Für diese tödliche Infektion gab es damals kein Heilmittel. Ruth starb im Alter von vierzehn Jahren in einer Heidelberger Klinik. Dieser Verlust belastete die Familie für den Rest ihres Lebens schwer.

Ernest und Sue waren zu dieser Zeit im Schulalter. Hitler war entschlossen, die gesamte deutsche Gesellschaft zu nazifizieren, und die Jugend war sein Hauptziel. „Wer die Jugend hat, hat die Zukunft", schrieb Hitler in seinem Manifest *Mein Kampf*. Als ein Gymnasiallehrer Ernest wegen seiner jüdischen Abstammung beschimpfte, schwor er sich, nie wieder auf diese Schule zu gehen. Zum Glück hatte die Familie Verwandte im benachbarten Elsass. Mit siebzehn Jahren zog Ernest nach Straßburg und entschied sich für das anspruchsvolle französische Abitur. So oft er konnte, fuhr er mit dem Zug über die Grenze, um seine Familie zu besuchen.

Die damals dreizehnjährige Sue war das einzig verbliebene Kind. Sie tröstete ihre Eltern zu Hause, während sie selbst in der Schule kämpfen musste. „Ich versuchte, eine normale Jugendliche in einer sehr schwierigen Zeit zu sein", erinnerte sie sich. „Ich wusste, dass ich in einer Gesellschaft lebte, die dachte, ich sei schlecht, weil ich Jüdin bin." Die Freundinnen spielten nicht mehr mit ihr, und ein Junge warf ihr einmal einen Stein an den Kopf. Achtzig Jahre später erinnerte sich Sue noch daran, wie ihre Klassenkameradinnen eifrig dem *Bund Deutscher Mädel* beitraten. „Jede, die etwas auf sich hielt, trug in meiner Altersgruppe eine BDM-Uniform. Wir hatten eine jüdische Jugendgruppe mit einer eigenen Uniform, marineblau statt braun. In diesem Alter ist es so wichtig, dazuzugehören. Was wir durchgemacht haben, das war wirklich eine Form von Wahnsinn."

Während der Nazizeit wurden jüdische Kinder in der Schule beschämt und diskriminiert.

Die Tafel trägt den Davidstern und eine Beschriftung:

„Der Jude ist unser größter Feind. Hütet euch vor dem Juden!"

Ernest, Erna, Heinrich und Sue Levy in der Mitte der 1930er Jahre. Die langsame Aushöhlung ihrer Lebensgrundlage und ihrer sozialen Identität drang bis ins Innerste ihrer Seelen vor. Niemand in der Familie konnte sich in jenen Jahren zu einem Lächeln für die Kamera durchringen.

Die Welt der Familie zerbricht

Als sich das Leben der deutschen Juden verschlechterte, kam es im Hause Levy zu quälenden Debatten: Wie sollten sie auf diese wachsende Bedrohung reagieren? Sie hatten sich immer als eine Mischung aus zwei Identitäten gesehen – deutsch und jüdisch. Die Familie gehörte der wunderschönen Synagoge von Landau an, in der Heinrich im Rat saß und Sue im Chor sang. Sie waren Reformjuden, hielten sich jedoch an die hohen Feiertage und den Sabbat, an dem Erna weiterhin Berches backte, die Kerzen anzündete und verzweifelt versuchte, ein Gefühl der Normalität zu bewahren. Es gelang ihr nicht, Heinrich davon zu überzeugen, dass das Exil in einem fremden Land der einzig sichere Weg für die Familie war.

Obwohl er noch ein Teenager war, sah Ernest die Bedrohung durch die Nazis am deutlichsten und beschwor die Älteren, die Gefahr zu beachten. „Ich erinnere mich lebhaft an Familientreffen, bei denen meine Onkel und auch mein eigener Vater wenig darauf achteten, was ein Jugendlicher wie ich über die düsteren Aussichten, die uns allen bevorstanden, zu sagen hatte", erinnerte sich Ernest. „Ich lebte in Frankreich und las aufmerksam die lokalen Zeitungen. Ich war davon überzeugt, dass die deutschen Juden in ihrem Land keine Zukunft mehr hätten. Je früher sie ihre Wurzeln kappen und woanders neue schlagen würden, desto besser wäre es." Seiner Überzeugung nach handelnd, gelang es Ernest, ein Einwanderungsvisum für die USA zu erhalten. Er verließ Deutschland 1937 in Richtung Vereinigte Staaten. Von dort aus konzentrierte er seine ganze Energie darauf, den Rest der Familie bei der Evakuierung und Umsiedlung zu unterstützen.

Im September 1938 verkündete der britische Premierminister Neville Chamberlain „Frieden für unsere Zeit", als er einen Vertrag unterzeichnete, in dem er Hitlers territorialen Forderungen nachgab. Ernest war zutiefst beunruhigt und schrieb seinen Eltern aus Buffalo, NY, und flehte sie an, Sue sofort aus Deutschland herauszubringen. Mit jedem Jahr, das verging, wurde es für Juden schwieriger zu emigrieren, aber glücklicherweise erhielt Sue ein Visum. Sie verließ das Land, nachdem ihre Eltern ihre Überfahrt nach Amerika arrangieren konnten.

Die Levys und Weils erlebten später in diesem Jahr eine Reihe von Katastrophen. Als das Familienunternehmen aufgrund des Boykotts der in jüdischem Besitz befindlichen Unternehmen zusammenbrach, erkrankte Heinrich an Darmkrebs und musste in einem Frankfurter Krankenhaus behandelt werden. Erna zog dorthin, um bei ihm zu sein. In der *Kristallnacht* – der berüchtigten Nacht des Nazi-Terrors am 9. November 1938 – wurden alle jüdischen Ärzte des Krankenhauses verhaftet. In ganz Deutschland wurden Synagogen niedergebrannt, auch die von Landau. Das Haus von Mina und Jakob in Lustadt wurde von einem

Mob verwüstet, so dass sie fliehen mussten. Heinrich erlag ein paar Wochen später seiner Krankheit. Erna war verwitwet, ohne ihre Kinder und ohne ein Zuhause, in das sie zurückkehren konnte. In ganz Deutschland gingen für die Juden die Lichter aus. Ihre einzige Hoffnung war es, das Land zu verlassen – wenn sie es noch konnten.

Die Familie Levy war eine reformierte jüdische Familie, die die heiligen Feiertage und den Sabbat einhielt, an dem Erna Berches, das deutsch-jüdische Festbrot, backte.

Als Ernest sah, wie der britische Premierminister Neville Chamberlain Adolf Hitler die Hand schüttelte, wollte er seine Schwester unbedingt aus Deutschland herausholen.

Die stattliche Synagoge, die die Familie in Landau besuchte.

In der sogenannten Kristallnacht, einer Nacht des antisemitischen Terrors am 9. November 1938, wurde sie bis auf die Grundmauern niedergebrannt.

ERNEST LEVY
im Alter von 21 Jahren

Unser Erbe, in Koffern über den Ozean getragen

„Was nimmst Du mit, wenn du gezwungen bist, aus dem Land zu fliehen, in dem deine Vorfahren seit Jahrhunderten lebten?"

Ernest Levys wertvollster Besitz als Einundzwanzigjähriger, der als deutscher Jude vor den Nazis flüchtete, war sein Einwanderungsvisum für die Vereinigten Staaten.

Ernest reiste an Bord des eleganten deutschen Ozeandampfers *Europa* und hatte einen Koffer mit den Besitztümern seines Lebens dabei. Darunter befanden sich mehrere wertvolle Gegenstände, die ihm sein Vater geschenkt hatte, um sie bei der Ankunft in Bargeld umzuwandeln. Als Jude, der Deutschland verließ, durfte er nur mit zehn Mark, etwa vier US-Dollar, ausreisen.

Ernest hatte noch ein zweites wertvolles Dokument bei sich – eine Liste mit Flaschen aus dem Weingeschäft der Familie. Es war ein letzter Versuch, den Verkauf in Amerika anzukurbeln, da Firmen in jüdischem Besitz wie die der Familie in Deutschland ruiniert wurden.

Hitlers Politik bestand darin, den Juden das Leben zunehmend schwerer zu machen und sie zur Ausreise zu zwingen, selbst als andere Länder ihre Türen für sie schlossen. Die US-Einwanderungsquoten aus den 1920er Jahren schränkten die jüdische Einwanderung in das Land stark ein, da die Juden immer verzweifelter versuchten, der Verfolgung durch die Nazis zu entkommen. Ernests Visum war an eine eidesstattliche Erklärung von Verwandten in Buffalo geknüpft, dass sie ihn bei Bedarf unterstützen würden, damit er nicht dem Staat zu Last fiel.

Die Nordatlantikpassage war für die *Europa* im April sehr stürmisch. Das Schiff legte in New York City an und trug noch immer stolz die Hakenkreuzflagge. Ernest empfand tiefste Erleichterung, als er von der Landungsrampe auf amerikanischen Boden trat.

HERMANN LEVY - LANDAU (PFALZ)

Weinkelterei — Gegründet 1891 Telefon 2151 — Weinkommission

Eigener Geleisanschluß ;-; Elektrisch-hydraulische Kelterei

Postscheckkonto No. 843 Amt Ludwigshafen a. Rh.
Reichsbankgirokonto

Landau (Pfalz), den 16. April 1937
Friedrich-Ebertstraße 14

L I S T E N A U S Z U G .
=.=.=.=.=.=.=.=.=.=.=.=.=.=.=

1 - Gaubickelheimer Wiesberg	RM. -.90
2 - Liebfraumilch	" -.92
3 - Schlossböckelheimer	" -.94
4 - Rüdesheimer Rosengarten (Nahe)	" -.96
5 - Niersteiner Domtal	" 1.10
6 - Deidesheimer	" 1.30
7 - 1932er Ungsteiner Kobnert Riesling Wachstum Winzerverein Ungstein	" 1.80

per 1/1 Flasche in 12er Kisten, einschließlich Glas, Kiste, Etikett und Kapsel, franco Bord Hamburg, zahlbar bar netto mit spesenfreiem Accreditiv bei der Deutschen Bank und Diskonto - Gesellschaft, Hamburg, gegen Schoffsdocumente vor Abgang des Weines. Zwischenverkauf vorbehalten.

über Kirschwasser, Zwetschgenwasser, sowie über Schaumwei-

Preisliste der Weine der Familie Levy, die Ernest mit in die USA nahm.

Der Überseekoffer, den Ernest für den Umzug von Landau/ Deutschland nach New York benutzte.

SUE LEVY
im Alter von 16 Jahren, kurz nach ihrer Auswanderung nach Buffalo, New York

Eine raue Überfahrt nach Amerika – in Sicherheit

Im September 1938 nahm Sue in Landau traurig Abschied von ihren besorgten Eltern. Sie war sechzehn Jahre alt. Es war schmerzlich für Sue, ihre Eltern und ihre geliebte Oma Mina zu verlassen, ohne zu wissen, ob sie sie jemals wiedersehen würde.

„Ich weiß noch, wie ich nach Stuttgart fuhr, um meine Einwanderungspapiere zu holen", erinnerte sich Sue Jahre später. „Wenn Ernest nicht so sehr auf meine Ausreise gedrängt hätte, hätte man mich vielleicht erwischt und in den Osten geschickt. Du musst wissen, ich hatte nicht so ein politisches Bewusstsein wie er. Einige meiner jüdischen Freundinnen wurden bereits 1938 deportiert. Mein Bruder hat mir also das Leben gerettet. Punkt."

„Der Plan war, nach Holland zu fahren und dort auf die *Nieuw Amsterdam* zu warten, das Schiff, auf dem ich gebucht war und das Anfang Oktober 1938 nach New York abfahren sollte. Meine liebe Tante Sidy reiste mit mir im Zug von Landau bis zur holländischen Grenze. Dort holten mich Tante Emmy und ihr Mann Sol ab. Sie waren nach Arnheim gezogen, und ich wartete zehn Tage lang in ihrem Haus, bis mein Schiff von Rotterdam abfuhr."

Sue erinnerte sich an ihre Reise über den Nordatlantik als eine miserable Erfahrung. „Es war eine raue Überfahrt. Ich war seekrank und musste mich die ganze Zeit übergeben. Meine Familie hatte für eine Begleitung gesorgt, die in ihrer Kabine Orangen aß. Allein der Geruch von Orangen machte mich jahrelang krank."

Nur eine Sache machte ihr Mut: „Ich wusste, dass ich Ernest sehen würde, und das hat mir Kraft gegeben."

Als die *Nieuw Amsterdam* an der Freiheitsstatue vorbei in den Hafen von New York einlief, war Sues Übergang in die Neue Welt abgeschlossen. Ernest war, wie er es versprochen hatte, da, um sie am Dock zu begrüßen. Gott sei Dank.

Im Oktober 1938 segelte Sue von Rotterdam aus mit dem niederländischen Linienschiff Nieuw Amsterdam nach New York.

Dies war ihre letzte Postkarte an ihre Eltern vor der Auswanderung.

Ernest übersetzte Sues letzten Postkartengruß nach Hause, bevor sie aus den Niederlanden abreiste. Seine Handschrift war im Alter wackelig, da ihn sein Augenlicht verließ.

ERNA LEVY

und Familienangehörige an Bord der St. Louis im Mai 1939.

Erna umklammert ihre Handtasche und steht auf der rechten Seite.

Die Geschichte der *St. Louis*

Nachdem sie die Schrecken der *Kristallnacht* und Heinrichs Tod erlebt hatte, war Erna allein und hatte nur ein Ziel: aus Deutschland zu fliehen und ihre Kinder in Amerika wiederzusehen. Ernas Brüder Arthur und Julius waren im Konzentrationslager Dachau inhaftiert worden. Sie wurden unter der Bedingung freigelassen, dass sie das Land sofort verlassen würden.

So fanden sich Erna, ihre Brüder, deren Frauen und Kinder zusammen mit neunhundert deutsch-jüdischen Flüchtlingen, die aus ihrer Heimat flohen, auf dem Luxusdampfer *St. Louis* wieder. Das Schiff legte am 13. Mai 1939 in Hamburg mit dem Ziel Kuba ab. Dort hoffte Erna, zu ihrer Schwester Sidy zu gelangen, die mit ihrem Mann Louis bereits in Havanna war und auf ein Visum für die Vereinigten Staaten wartete. Während das Schiff den Atlantik überquerte, führte Arthur ein Tagebuch über die Reise.

An Bord der *St. Louis* herrschte große Aufregung, als sie am 27. Mai im Hafen von Havanna vor Anker ging. Doch dann vergingen Tage, ohne dass die Passagiere die Erlaubnis erhielten, von Bord zu gehen. Durch ein Bullauge in der Kabine sahen Erna und Arthur aufgeregt, wie Sidy und Louis ihnen von einer der kleinen Barkassen aus zuwinkten, die neben dem Schiff lagen. Sie sollten bald die Wahrheit erfahren: Ihre Landeerlaubnis war von der pro-faschistischen kubanischen Regierung für ungültig erklärt worden. Zu ihrem Entsetzen erhielt die St. Louis am 2. Juni den Befehl, die kubanischen Gewässer zu verlassen, eine Szene, die Arthur in seinem Tagebuch festhielt:

„Unser Schiff setzt sich langsam in Bewegung, begleitet von Polizeibooten. Die Menschen haben sich auf den Molen versammelt. Niemand winkt. Man spürt ihre Tränen, und auch die meisten von uns können ihre Tränen nicht zurückhalten. Wir fahren an wunderschönen Parks mit exotischen Pflanzen, Denkmälern und palmengesäumten Straßen vorbei, und wir dürfen nicht hinein. So muss sich auch Moses gefühlt haben, als er das gelobte Land sah und es nicht betreten durfte."

„Selbstmordwelle auf Flüchtlingsschiff befürchtet", titelte die *New York Times* an diesem Tag. Das Linienschiff *St. Louis* war zu einer internationalen Mediengeschichte geworden – neunhundert umherirrende Juden auf See, die verzweifelt einen sicheren Hafen suchten. Das Schiff fuhr einsam an der Küste Floridas entlang, und die Boote der US-Küstenwache sorgten dafür, dass niemand von Bord sprang, um an Land zu schwimmen. Die Passagiere waren verzweifelt. Trotz verzweifelter diplomatischer Bemühungen weigerten sich sowohl die amerikanische als auch die kanadische Regierung, Erna und ihren Mitreisenden Zuflucht zu gewähren. Am 6. Juni wies der Kapitän des Schiffes seine Besatzung an, zurück nach Europa zu fahren.

Im Hafen von Havanna halten die Passagiere der St. Louis Ausschau nach den Gesichtern ihrer Angehörigen, die auf kleinen Barkassen in der Nähe ihres Schiffes sitzen.

KEEP OUT

"GIVE ME YOUR TIRED, YOUR POOR ... SEND THOSE, THE HOMELESS, TEMPEST-TOSSED TO ME ...."

JEWISH REFUGEE SHIP

Fred Packer in the New York Daily Mirror - June 6, 1939

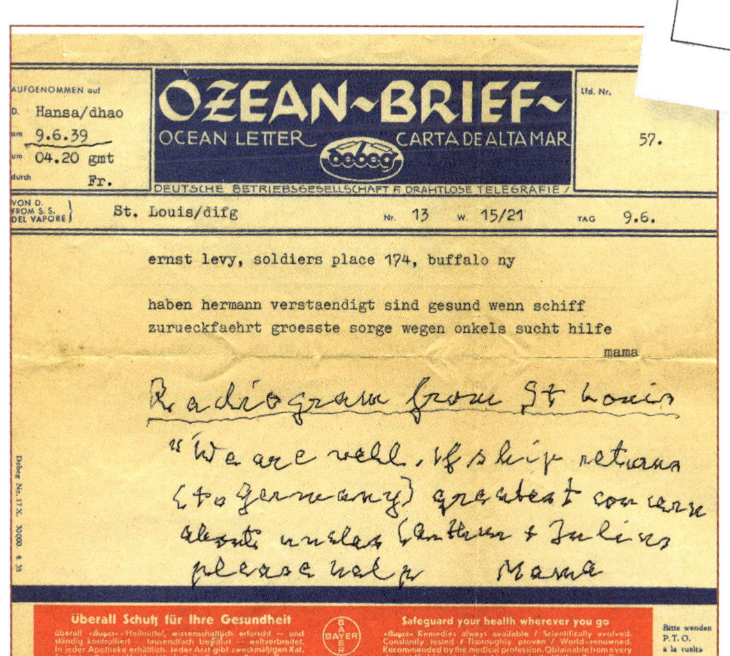

OZEAN-BRIEF
OCEAN LETTER CARTA DE ALTA MAR
DEUTSCHE BETRIEBSGESELLSCHAFT F. DRAHTLOSE TELEGRAFIE

AUFGENOMMEN auf D. Hansa/dhao
am 9.6.39
um 04.20 gmt
durch Fr.

Lfd. Nr. 57.

VON D. / FROM S.S. / DEL VAPORE St. Louis/difg Nr. 13 W. 15/21 TAG 9.6.

ernst levy, soldiers place 174, buffalo ny

haben hermann verstaendigt sind gesund wenn schiff zurueckfaehrt groesste sorge wegen onkels sucht hilfe

mama

Radiogram from St Louis
"We are well. If ship returns (to Germany) greatest concern about uncles (Arthur + Julius) please help Mama

Überall Schutz für Ihre Gesundheit — Safeguard your health wherever you go — BAYER

Bitte wenden / P.T.O. / a la vuelta

Nachdem die St. Louis gezwungen war, nach Europa zurückzufahren, befürchtete die Familie das Schlimmste.

Erna Levy schickte dieses Telegramm vom Schiff aus an ihren Sohn Ernest in Buffolo: haben herrmann verstaendigt sind gesund wenn schiff zurückkehrt groesste sorge wegen onkels sucht hilfe – mama.

Handschriftliche Übersetzung: „Uns geht es gut. Wenn Schiff zurückkehrt (nach Deutschland) größte Sorge um Onkel Arthur + Julius. Bitte hilf. Mama.“

Oma Minas letzte Reise

MINA WEIL

Oma Mina war fast siebzig Jahre alt, als sie und Jakob im November 1938 nach dem schrecklichen *Kristallnacht*-Pogrom aus ihrem Haus vertrieben wurden. Außerhalb Deutschlands wäre es für die Großeltern sicherer, dachte die Familie.

Mina und Jakob lebten erst seit einigen Monaten in den Niederlanden, als Hitler am 1. September 1939 in Polen einmarschierte und den Zweiten Weltkrieg auslöste. Im Mai 1940 befand sich das Paar nach dem Einmarsch der deutschen Truppen in die Niederlande erneut unter Naziherrschaft. Wir wissen aus ihren Briefen an die Familie in Amerika, dass Mina und Jakob bei Verwandten in Amsterdam untergetaucht waren. „Wir leben in Ungewissheit und wissen nicht, was am nächsten Tag passieren wird", schrieb Mina, während Angst und Entbehrungen zunahmen.

Am 16. Dezember 1940 feierten Mina und Jakob im Exil und unter der Nazi-Besatzung ihren fünfzigsten Hochzeitstag. „Ich muss gestehen, dass der Ernst des Tages so weit weg von euch, meinen lieben Kindern, schwer auf meinen Gedanken lastet", heißt es in Minas Brief. Die Familie hatte es geschafft, ein Telegramm, einen Obstkorb, Blumen und Champagner zuzusenden. „Zur Feier des Tages haben wir uns den Luxus erlaubt, ein Foto machen zu lassen, das euch hoffentlich Freude bereitet", schrieb Mina ihnen. „Bitte schreibt uns sofort, was ihr davon haltet."

Ernests verzweifelte Bemühungen um ein Visum für seine Großeltern wurden stets verzögert, da das US-Konsulat in Rotterdam immer wieder Dokumente verlangte, die unmöglich zu bekommen waren. Bis 1941 wurden die Bedingungen für Juden in den Niederlanden immer gefährlicher. Jakob verstarb im Frühjahr eines natürlichen Todes und wurde auf dem jüdischen Friedhof außerhalb von Amsterdam beigesetzt. Minas letzter Brief war auf den 30. August desselben Jahres datiert. Wir glauben, dass sie bald darauf verhaftet und in einen Zug gezwungen wurde, der sie in das Durchgangslager Westerbork im Nordosten der Niederlande brachte.

Von dort aus wurden Juden, darunter auch Anne Frank und ihre Familie, in überfüllten Viehwaggons transportiert, die wöchentlich in die Todeslager im besetzten Polen fuhren. Wir werden die genauen Umstände von Minas letzten Lebenstagen nie erfahren, nur, dass sie in Auschwitz, dem größten Vernichtungslager der Nazis, starb. An ihrem Bestimmungsort gab es keinen Käsekuchen zu backen oder zu servieren – nur Hunger, Einsamkeit und Schrecken, die für uns unerträglich sind, wenn wir daran denken.

Minna hätte gewollt, dass wir ihr Leben in Erinnerung behalten und dies ehren wir. Sie ist die Inspiration für dieses Werk. „Ich denke jeden Tag an meine Großmutter", sagte uns ihre Enkelin Sue oft.

Jakob und Wilhelmina Weil feiern ihren 50. Hochzeitstag im Dezember 1940 in dem von den Nazis besetzten Amsterdam.

Minas letzte Reise war die in einem Viehtransportwagen ins Vernichtungslager Auschwitz.

FLUCHT VOR DEM FASCHISMUS

	1935	1936	1937	1938
	Die Nürnberger Rassengesetze entziehen allen Juden die Staatsbürgerschaft.	Hitler schickt Truppen in das entmilitarisierte Rheinland, die Heimat der Familie, ohne dass die Alliierten des Ersten Weltkriegs darauf reagieren.	Errichtung des Konzentrationslagers Buchenwald.	Deutschland besetzt Österreich und annektiert einen Teil der Tschechoslowakei. 9-10 November: *Kristallnacht.* Nationale Welle von gewalttätigen antijüdischen Pogromen. Synagogen werden niedergebrannt, jüdische Geschäfte geschlossen.
Ernest Levy	Absolviert eine Sekundarschulausbildung in Straßburg, Frankreich. Er weigerte sich, die Schule in Deutschland fortzusetzen, nachdem sein Nazi-Lehrer ihn als Juden schikanierte.	Er legt sein französisches Abitur ab und kehrt nach Landau zurück. Er versucht vergeblich, seine Familie davon zu überzeugen, aus Deutschland auszuwandern.	Einschiffung nach New York City mit einem US-Visum. Beginnt in der Bekleidungsfabrik seiner Onkel in Buffalo, NY, zu arbeiten.	
Sue Levy		Besucht die Schule in Landau, wird von mehreren Freundinnen wegen ihres Judentums abgelehnt.		Sie verlässt Deutschland und zieht zu ihrem Bruder Ernest nach Buffalo, wo sie die High School besucht.
Erna Levy		Erna und ihre Familie halten an ihren jüdischen Traditionen fest, auch wenn die antisemitischen Einschüchterungen in Landau täglich zunehmen.		Das Weingeschäft und das Haus der Familie wurden mit einem hohen Verlust verkauft. Ernas Ehemann Heinrich stirbt kurz nach der Kristallnacht in Frankfurt an Darmkrebs.
Mina Weil		Mina und ihr Mann Jakob bleiben in ihrem pfälzischen Bauernhaus, zu alt, um es trotz der wachsenden Gefahr zu verlassen.		Das Ehepaar wird aus seinem Haus vertrieben, nachdem es in der *Kristallnacht* verwüstet worden ist. Sie finden Zuflucht bei ihrer Tochter Sidy und deren Mann, bis diese nach Kuba auswandern.

Zeitleiste unserer Familie 1935-1942

1939	1940	1941	1942
Hitler fällt im September in Polen ein und löst damit den Zweiten Weltkrieg aus.	Deutsche Truppen erobern Belgien, die Niederlande, Luxemburg und Frankreich. Eröffnung des Konzentrations- und Vernichtungslagers Auschwitz, das größte des Naziregimes.	Hitlers Armee überfällt die Sowjetunion. Die USA treten auf der Seite der Alliierten in den Zweiten Weltkrieg ein, nachdem Japan die US-Marine in Pearl Harbor angegriffen hat.	Die Berliner Konferenz beschließt die „Endlösung": den Massenmord am jüdischen Volk.
Arbeitet weiterhin für seine Onkel, um seine Schwester Sue zu unterstützen. Hilft dabei, ein Visum für seine Mutter Erna zu besorgen, damit sie während des Krieges in die USA einreisen kann.		Zieht mit seiner Mutter Erna und seiner Schwester Sue nach New York City um.	Er wird als US-Bürger eingebürgert und ändert seinen Nachnamen in Landy. Tritt eine Stelle im US Army Signal Corps zur Unterstützung der Kommunikationssysteme der Armee an.
		Sie schreibt sich an einer Modeschule in New York City ein.	Beginnt ihre erste Stelle als Designassistentin in einer Bekleidungsfirma.
An Bord der *St. Louis* mit Verwandten und anderen deutsch-jüdischen Flüchtlingen. Das Schiff muss nach Europa zurückzufahren. Nach Monaten in England und einer weiteren Überfahrt nach New York, ist Erna wieder mit ihren Kindern vereint.	Erna, Ernest und Sue beginnen ein neues gemeinsames Leben in Buffalo/NY.	Wohnt zusammen mit ihren Kindern in Washington Heights, NY, ein Zufluchtsort für deutsch-jüdische Flüchtlinge.	
Flucht aus Deutschland nach Arnheim, Niederlande. Sie finden Zuflucht bei ihrer Tochter Emmy und deren Mann.	Mina und Jakob ziehen nach Amsterdam und sind gezwungen, sich zu verstecken. Sie feiern ihren 50. Hochzeitstag unter der Nazi-Besatzung. Ernest ist nicht in der Lage, US-Visa für seine Großeltern zu besorgen.	Jakob stirbt eines natürlichen Todes. Am 30. August erhält die Familie den letzten Brief von Mina. Sie wird verhaftet, deportiert und im Vernichtungslager Auschwitz ermordet.	

SUE UND ERNEST
Während ihrer Buffalo-Jahre waren sie sich gegenseitig eine große Stütze.

Nach der Katastrophe: Dankbarkeit

Sue und Ernest, Minas Enkelkinder, hatten das Glück, rechtzeitig aus Nazi-Deutschland entkommen zu sein.

Im Oktober 1938 hatte Ernest seine Schwester erfolgreich vor den Gefahren des Hitlerregimes gerettet. Sie wurden in Buffalo, New York, wiedervereint, wo sich Verwandte Jahre zuvor niedergelassen hatten. Mit einundzwanzig Jahren war Ernest gezwungen, sein Studium abzubrechen und eine Stelle in der Fabrik der Familie anzunehmen. Sue besuchte eine örtliche High School. Die Geschwister wurden in den Haushalten zweier Onkel untergebracht, die in der Sportbekleidungsindustrie erfolgreich waren.

„Die Onkel waren sehr nett, aber für sie war ich der arme Flüchtling, und das spürte ich“, sagte Sue Jahrzehnte später. „Meine Verwandten gaben mir ein Zimmer im dritten Stock, neben dem Zimmer, in dem das Dienstmädchen schlief. Wenn ich von der Schule kam, servierte sie mir warme Schokoladenkekse mit kalter Milch. Das war meine erste amerikanische Leibspeise, aber innerhalb weniger Monate hatte ich zehn Pfund zugenommen!“

Die Nachricht von der so genannten *Kristallnacht* erreichte Amerika. Beide Geschwister hatten große Angst um die Familienmitglieder, die sie zurückgelassen hatten. Kurz nach Sues Ankunft erfuhren sie von ihrem Onkel, dass ihr Vater Heinrich in Frankfurt im Alter von dreiundsechzig Jahren gestorben war. „Nichts in meinem Leben war jemals schlimmer als das. Nichts", erinnerte sich Sue. Der Weinhändler von Landau, der Vater, der sie auf Wanderungen im Schwarzwald führte, war weg. Ihre Mutter Erna war verwitwet und allein. Die Wiedervereinigung mit ihr wurde zu ihrer obersten Priorität.

Erna und ihre Verwandten gehörten zu den glücklichen *St.-Louis*-Passagieren, die in England in Sicherheit gebracht wurden.

Aber Europa befand sich nun im Krieg, und Ernest war verzweifelt. Von Buffalo aus schrieb er an einen jüdischen Bekannten in London, Harold Lande, und bat ihn um Hilfe. Durch Landes Intervention beim US-Konsulat wurde die Bearbeitung von Ernas Visum auf wundersame Weise beschleunigt, und im Dezember 1939 kam sie mit dem Schiff in New York an. Sie trug schwarze Strümpfe und Schuhe, und ihr Gesicht war von Trauer gezeichnet. Sue umarmte sie und sagte: „'Mama, du wirst keine schwarzen Strümpfe mehr tragen!' Und das tat sie auch nicht. Wir waren so glücklich, wieder eine Familie zu sein."

Ernest und Sue brachten ihre Mutter zurück nach Buffalo, fanden eine Wohnung und zogen zu dritt ein. „Mama war bemerkenswert. Sobald wir uns eingelebt hatten, begann sie sofort zu kochen", erinnert sich Sue. „Am Freitagabend kochte sie Hühnersuppe, backte Berches und zündete die Kerzen an, so wie sie es immer getan hatte. Die Fortführung unserer Traditionen hat das Beste von uns wieder zum Leben erweckt."

I realize of course that American citizens desiring to return to the United States must be taken care of before aliens who wish to come here. I realize also that many visa applicants think that their problem is more urgent than any other. Nevertheless I believe that my mother's case is especially tragic; firstly because, as a consequence of what she went through during the past year, she is very nervous and lonely and extremely anxious to be reunited with her two children, my sister of seventeen and myself; secondly because she is entirely in the dark as to the probable date of her entry here.

May I add that her affidavit of support was furnished by Mr. Siegfried Levi, president of the Rugby Knitting Mills of this city. Finally it might be of importance that my mother immediately upon her arrival here will reopen a home for her children and herself, and thus regain a certain measure of rest and quiet which she so badly needs.

I apologize, dear Mr. Lande, for imposing on your patience with such a lengthy recital, but after speaking to your father I have the fervent hope that you will be able to draw the Consul's attention to my mother's case. I believe that such action will be a wonderful help to my mother and her children. Furthermore I am sure that my mother who knows but little of the English language and of British customs would be thankful to you for any advice you could give her in all matters pertaining to her stay in England and her trip across.

The thought that you will be kind enough to take an interest in my mother's case is our first ray of hope in a long, long time. I cannot express in words how immensely thankful I am to you and to your family for your wonderful kindness toward a complete stranger and I only hope that some day I will be able to show my deep appreciation.

I am anxiously looking forward to all and any news on the progress of my mother's case. Until then, thank you again for all the trouble you will have on our account,

yours very gratefully,

Ernest A. Levy

P S My mother's present address is: Mrs. Erna Levy
142 Broadhurst Gardens
London N W 6

I took the liberty of giving my mother your address and your telephone number.

„Der Gedanke, dass das Schicksal meiner Mutter Sie interessiert, ist unser erster Hoffnungsschimmer seit langer, langer Zeit", schrieb Ernest aus Buffalo an Harold Lande, einem ehemaligen Geschäftspartner in London.

Er bat um Unterstützung bei der Beschaffung eines US-Visums für seine Mutter Erna nach Beginn des Zweiten Weltkrieges.

Erna Levy nach der Wiedervereinigung mit ihren Kindern in Buffalo

ERNEST AND SUE
während ihrer New Yorker Jahre, hier im Inwood Park 1946

Bruder und Schwester: zwei Wege

Mitte der 1940er Jahre lebten Sue, Ernest und ihre Mutter für ein paar denkwürdige Jahre im Epizentrum der deutsch-jüdischen Kultur in Amerika. In Washington Heights, an der Nordspitze Manhattans, lebten damals mehr als 20.000 Juden, die vor dem Nationalsozialismus geflohen waren. Sie ließen ihre alten Bräuche aus Europa wieder aufleben. Erna konnte für ihre Kinder einkaufen und kochen, wie sie es in Deutschland getan hatte.

Die drei lernten ihre Wahlheimatstadt lieben, ließen sich aber nicht dort nieder. Ab 1943 trafen Ernest und Sue eine Reihe weitreichender Lebensentscheidungen. Die Reaktionen der Geschwister auf den Antisemitismus, mit dem sie in Hitlerdeutschland aufgewachsen waren, waren radikal unterschiedlich.

Ernest Levy änderte seinen Namen in Ernest Landy, als er die US-Staatsbürgerschaft beantragte. Sue sah in der Namensänderung ihres Bruders einen Versuch, sich öffentlich von seiner jüdischen Identität zu distanzieren: „Er sagte mir, er wolle nicht, dass die Leute ihn wegen seines Namens vorverurteilen. Ich war zunächst schockiert, aber wir liebten uns und stellten die Entscheidungen des anderen nicht in Frage." Als die USA in den Zweiten Weltkrieg eintraten, meldete sich Ernest zur Armee, nahm aber wegen einer schweren Rückenverletzung nicht am Kampf teil. Als wieder Frieden war, erfüllte er sich einen Traum und erwarb einen Master-Abschluss an der Columbia University. Der humanistische Auftrag der neu gegründeten Vereinten Nationen, künftige Generationen vor der Geißel des Krieges zu bewahren und die Menschenrechte zu fördern, begeisterte ihn. So konnte er 1946 einem Jobangebot einer UN-Agentur – der Internationalen Arbeitsorganisation in Genf – nicht widerstehen, auch wenn er dafür nach Europa zurückkehren musste. Dort verliebte er sich in Cynthia, eine nicht-jüdische Engländerin, und heiratete sie.

Im Jahr 1947 reiste Ernest allein von Genf aus in seine Heimatstadt Landau, aus der er nur ein Jahrzehnt zuvor geflohen war. Nachdem er den jüdischen Friedhof besucht hatte, auf dem zwei seiner Schwestern begraben waren, fuhr er zurück in sein altes Viertel: „Unser Haus schien unverändert. Mir war nicht danach, mit jemandem zu sprechen, also ging ich stattdessen zu einer Bank am Eingang des Parks auf der anderen Straßenseite. Es war schwer, dort ganz allein in Gedanken und in Erinnerungen zu sein, also weinte ich mich aus und machte mich auf den Weg zurück."

Sue schlug einen anderen Weg ein. Sie ging ihrer Leidenschaft für Modedesign nach – zunächst als Studentin in New York City, dann als junge Berufstätige und Familienernährerin. Als ihr eine Stelle angeboten wurde, Sportbekleidung für Frauen zu designen, siedelte sie mit ihrer Mutter Erna nach San Francisco um. Bis 1949 hatte Sue auch ihren Ehepartner ausgewählt: William Siegel, ein deutscher Jude aus ihrer Heimatstadt Landau und alter Schulkamerad von Ernest. „Wen habe ich geheiratet?" fragte sie, um die Antwort geben zu können: „Jemanden, dem ich meine Herkunft nicht erklären musste. Er wusste es einfach."

Ende der 1940er Jahre wurden Ernest und Sue sesshaft, lebten aber Tausende von Kilometern voneinander entfernt. Was würde in den kommenden Jahrzehnten aus den kulinarischen Traditionen der Familie werden?

Ernest und Sue heirateten beide innerhalb von drei Wochen. Das Jahrzehnt des Holocausts und des Zweiten Weltkrieges brachten ihnen Sorge und Trauer und letztendlich die Hoffnung auf einen Neubeginn in Friedenszeiten.

Ernest Landy heiratet Cynthia Briggs am 22. Dezember 1949 in Genf, Schweiz.

Sue Levy heiratet William Siegel am 27. November 1949 in San Francisco, Kalifornien

ERNA LEVY
und ihre sechs Enkelkinder im Urlaub am Tahoesee, Kalifornien, 1962

Erna Levy, Bewahrerin der Tradition

„In meiner Heimat sind meine Kinder.“ Meine Heimat ist da, wo meine Kinder sind. Das hat uns unsere Großmutter gesagt, als wir sie fragten, wo Heimat ist. Erna Levy war achtundvierzig, als sie schließlich als Flüchtling in den Vereinigten Staaten ankam. Sie hatte bereits zwei Kinder und einen Ehemann durch Krankheit verloren, die *Kristallnacht* in Nazi-Deutschland überlebt und eine traumatische Seereise auf der *St. Louis* hinter sich. Sie wusste, dass das Leben vieler ihrer Mitreisenden in Konzentrationslagern endete. Am Ende des Krieges stellte sie fest, dass ihre geliebte Mutter Mina und ihre Schwester Hannah ebenfalls im Holocaust ermordet worden waren.

Vor ihren Enkelkindern hat Erna nie über die Schrecken gesprochen, die sie ertragen musste. Wir erinnern uns an unsere zierliche, kultivierte Großmutter wegen ihres Stolzes auf uns und wegen ihres köstlichen Essens und ihrer herzlichen Gastfreundschaft. Ihr ältester Enkel David schreibt seiner „Omi“ zu, dass sie sein lebenslanges Interesse an Speisen geweckt hat:

„Gelegentlich schaute ich nach der Schule in ihrer bescheidenen Wohnung in Berkeley vorbei, in der Hoffnung, ein Stück ihrer wunderbaren Obst- oder Streuselkuchen zu bekommen, die wie von Zauberhand aus der Speisekammer auftauchten. An diesem Tag machte sie Apfel-Charlotte, ein Lieblingsdessert der Familie. Sie schälte jeden Apfel in einem einzigen Stück, das so dünn und durchsichtig war, dass man hindurchsehen konnte.” Unsere Großmutter machte ihre Apfel-Charlotte mit Hefeteig, so wie sie es in Deutschland gemacht hatte. Die Hefe verlieh all ihren Backwaren eine leichte, nicht zu süße Textur und ein natürliches Aroma, das nach einem Geschmack aus der verlorenen Vergangenheit unserer Familie schmeckte.

„Omi wog siebenundneunzig Pfund und strahlte dennoch Stärke und Unverwüstlichkeit aus, wenn sie sich leicht und anmutig in ihrer kleinen Küche bewegte“, erinnerte sich David. „Ich dachte, dass dies eine der wenigen Umgebungen war, in denen sie die Kontrolle über ihr Leben hatte – ein Leben, das durch äußere Ereignisse so sehr durcheinander gebracht worden war.”

Als älteste Tochter auf dem Bauernhof der Familie in Lustadt hatte Erna die Aufgabe, Brot zu backen, um den großen Haushalt zu ernähren. Es gab so viel Teig, dass sie ein großes Waschbecken und ihre ganze Kraft und Energie brauchte, um ihn zu kneten.

Es war harte Arbeit, aber die Belohnung erfolgte fast augenblicklich und war sehr befriedigend. Jahrzehnte später, als Mina nicht mehr lebte, war Erna diejenige, die das deutsch-jüdische kulinarische Erbe ihrer Mutter an die nächsten zwei Generationen weitergab.

Erna Levy, Mitte 80, zu Hause in ihrer Wohnung in Berkeley.

„Ich weiß noch, wie Mutter zwei Tage vor ihrem Tod Äpfel für Apple-Charlotte schälte", erinnerte sich ihre Tochter Sue.

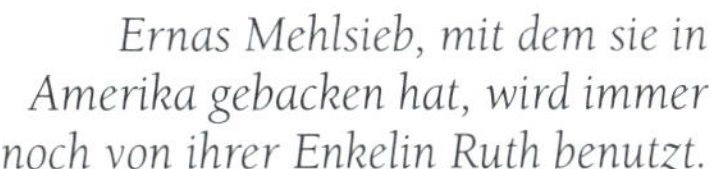

Ernas Mehlsieb, mit dem sie in Amerika gebacken hat, wird immer noch von ihrer Enkelin Ruth benutzt.

SUE & WILLIAM SIEGEL
zu Hause in Berkeley mit ihren drei Kindern Peter (links), David und Claudia, 1960

Sue Siegel: ein Leben gestalten

„Ich erinnere mich, dass ich sehr ehrgeizig war. Ich wollte es in Amerika schaffen, egal, was passiert. Das ist es, was Einwanderer tun“, erzählte uns Sue. Sie verließ New York nur ungern, aber die Gelegenheit, für Koret of California, ein angesehenes Bekleidungsunternehmen, als Designerin zu arbeiten, war unwiderstehlich. Sie zog in die San Francisco Bay Area und gründete mit ihrem Mann William eine Familie. Würde es ihr möglich sein, sich an Amerikas innovative Region anzupassen und gleichzeitig das europäische Erbe ihrer Familie zu bewahren?

Erna übernahm die Aufgabe, die Tradition lebendig zu halten. Jeden Freitagabend zum Schabbat deckte sie einen eleganten, aber einfachen Tisch für die Familie und kochte die rituellen deutsch-jüdischen Speisen für die Feiertage. „Es waren neunzig Prozent festliche Mahlzeiten und zehn Prozent Gebet und Synagoge", erinnert sich Sue.

Als ihre Kinder heranwuchsen, nahm Sue amerikanische Gerichte in ihr Repertoire auf, aber sie weigerte sich, verarbeitete Lebensmittel in ihrer Küche zuzulassen, obwohl diese in den 50er und 60er Jahren der letzte Schrei waren. Das verärgerte ihren Sohn David, dessen braunes Sandwichbrot in der Schule auffiel. „Ich flehte meine Mutter an, dieses amerikanische Junkfood zu kaufen, das alle meine Freunde aßen – weißes Wonder-Bread, Fertiggerichte, Twinkies – aber sie wollte nicht“, erinnert er sich. „Ab und zu ließ sie uns ein Tiefkühlgericht essen, wenn die Eltern ausgingen. Das war eine große Sache für uns.“

Sues Welt wurde Anfang der 60er Jahre auf den Kopf gestellt, als William plötzlich im Wohnzimmer stürzte. Das war ein frühes Warnzeichen für Multiple Sklerose, eine schwere Krankheit. „Es war wie ein Blitzschlag. Ich wusste, dass mein Leben nie mehr dasselbe sein würde.“ 1963 wurde sie zur Ernährerin der Familie und gründete ihr erstes Bekleidungsunternehmen in bescheidenem Rahmen in ihrem eigenen Wohnzimmer. Mit ihren Unternehmungen im Bereich Damenmode konnte sie die Familie fast vier Jahrzehnte lang ernähren. Sie war schon mehr als siebzig Jahre alt, als sie eine gemeinnützige Organisation gründete, die half, in Berkeley bezahlbare Wohnungen für Menschen mit Behinderungen zu schaffen.

Bis weit in ihre 90er Jahre hinein lud Sue trotz ihres vollen Terminkalenders zu den jüdischen Feiertagen ihre Großfamilie zu sich zum Essen ein. Ihr liebstes Fest: der Pessach-Seder, bei dem die biblische Geschichte von der Befreiung der Hebräer aus der Sklaverei in Ägypten nacherzählt wird. Das zeremonielle Mahl verlangt von jedem Teilnehmer die Erfahrung, was es persönlich bedeutet, von der Unterdrückung in die Freiheit zu gelangen. „Die Geschichte des Exodus ist auch meine Geschichte", sagte Sue.

Sue Siegel zuhause in San Francisco 1990

Matzebrot am Siegel-Seder-Tisch. Es ist ungesäuert, weil das Brot der Hebräer nicht genug Zeit hatte, um aufzugehen, bevor sie gezwungen wurden, Ägypten zu verlassen.

CYNTHIA & ERNEST LANDY
anlässlich seines achtzigsten Geburtstages in Palm Springs, Kalifornien, 1996

Cynthia Landy: Würze und Treibmittel

Als die Sirenen heulten, wusste Cynthia, dass sie dringend Schutz suchen musste. Es war April 1941, während Hitlers Bombenterror gegen britische Städte. Das Dröhnen der Nazi-Kampfflugzeuge erfüllte den nächtlichen Himmel, gefolgt vom pfeifenden Geräusch fallender Bomben, schweren Explosionen und zerbrochenem Glas. Cynthia Briggs hockte mit ihrer Familie in ihrem Morrison-Schutzraum, einem großen Innenkäfig, der auch als Esstisch diente. Ihr Vorort im Süden Londons, Wohnort für die untere Mittelschicht, war ein regelmäßiges Ziel.

Als älteste Tochter war es Cynthias Aufgabe im Alter von dreizehn Jahren, das sonntägliche Mittagessen der Familie zu kochen: Kartoffeln und Gemüse aus dem Garten ihres Vaters, dazu Yorkshire-Pudding. Fleisch war ein seltenes Vergnügen. Inmitten der Kriegszeit blieb sie unerschrocken, fleißig und sportlich.

Auch Cynthia war ehrgeizig. Später empfand sie das Leben im London der Nachkriegszeit mit seinen anhaltenden Entbehrungen und Rationierungen als trist. Als sie mit zwanzig Jahren eine Anzeige für eine Sekretariatsstelle in Genf (Schweiz) sah, bewarb sie sich. Cynthia bekam die Stelle. Auf der Fahrt über den Ärmelkanal weinte sie die ganze Zeit, alleine in ihr neues Leben reisend. Als sie in Calais ankam, aß sie ihr erstes französisches Croissant. Sie weinte nie wieder um ihr Heimatland.

Als Ernest Landy dann Cynthia, die neue Chefsekretärin, kennenlernte, fühlte er sich sofort zu ihr hingezogen. Cynthia ihrerseits war vom deutsch-jüdischen Erbes dieses Mannes angetan. Als Erna, ihre neue Schwiegermutter, in den frühen 50er Jahren aus Kalifornien zu Besuch kam, ergriff Cynthia die Gelegenheit, die kulinarischen Traditionen der Familie kennen zu lernen. Zu ihrem dörflichen Haus in der Nähe von Genf gehörte ein Obstgarten mit Sauerkirschbäumen. Mit der Sparsamkeit, die sie von ihrer Mutter Mina gelernt hatte, sorgte Erna dafür, dass jede einzelne Kirsche gepflückt, eingekocht und in hohen, grünen Einmachgläsern für den Verzehr in den Wintermonaten aufbewahrt wurde.

Obstkuchen. Käsekuchen. Rotkohl mit Äpfeln. Gebratene Ente mit Kastanien. Zur Freude von Ernest und der Familie wurde Cynthia zu einer begnadeten Botschafterin der deutsch-jüdischen sowie anderer Küchen, die sie im kosmopolitischen Genf erlernte. „Was mir an der Küche unserer Mutter am lebhaftesten in Erinnerung geblieben ist, war ihre Fähigkeit, köstliche Mahlzeiten zu zaubern aus einer bunten Sammlung von Resten. Es wurde fast nichts verschwendet“, erinnerte sich ihr Sohn Michael. Wir schätzen, dass Cynthia während ihrer zweiundsechzigjährigen Ehe fast siebzigtausend Mahlzeiten für ihren Mann zubereitet hat.

Im Jahr 2015 trauerte die Familie, als Cynthia plötzlich bei einem Autounfall starb. Bei ihrer Trauerfeier bemerkte ihr Neffe Peter Siegel, dass sie „einen großartigen britischen *Weiter-so-Geist* mitbrachte. Das stand im Gegensatz zu der aschkenasischen jüdischen Unterströmung der Angst, die wir geerbt hatten. Sie war ein wunderbares Treibmittel für unsere Familie, eine Würze, die sie sehr bereichert hat. Ich vermisse sie schrecklich."

Cynthia pflückt Sauerkirschen im Familiengarten im Dorf Mies bei Genf. Anfang der 1950er Jahre

CYNTHIA LANDY & SUE SIEGEL
Orinda, Kalifornien, Ende der 1980er Jahre

Über Pflaumenkuchen und Erinnerung

In unserer Familie gibt es seit Mina, unserer Urgroßmutter, nun vier Generationen von Frauen. Rebecca Siegel in Kalifornien und Jessica Landy in England sind Teil dieser vierten Generation, beide in ihren Zwanzigern und beide leben weit entfernt von Minas Welt. Wir fragten uns, ob unser deutsch-jüdisches Erbe auch heute noch ihr Leben berührt. Dies ist, was sie uns sagten.

„Einige meiner frühesten Erinnerungen reichen bis zu meinem dritten Lebensjahr zurück. Ich bin an einem Freitagnachmittag in der Küche meiner Omi in San Francisco. Auf ihrer Arbeitsplatte rollen wir klebrigen Matzeteig zu kleinen ungleichmäßigen Kugeln für die Suppe, die wir am Sabbat gemeinsam essen. Später, ich bin acht Jahre alt, bin ich bei meiner Tante Cynn auf der anderen Seite der Bucht in Orinda. Aus dem Ofen strömt der Duft eines Pflaumenkuchens. Die Erinnerungsstücke an eine europäische Tafel – Porzellangeschirr mit Goldrand, köstliche Soßen, elsässischer Wein – füllen langsam das Haus. Indem meine Omi und meine Tante Cynn in ihren Häusern für uns kochten, sorgten sie dafür, dass ich wichtige Lektionen über die Bewirtung von Gästen und die Schaffung von Erinnerungen an ihrem Tisch lernte."
— Rebecca Siegel, die Enkelin von Sue Siegel

„Als britische Geschichtslehrerin gibt es nur ein Pflichthema, in dem ich meine Schüler in der Sekundarstufe unterrichte – den Holocaust. Jedes Jahr beginnt meine erste Unterrichtsstunde mit dem Bild meiner Familie auf der *St. Louis*. Einige Schüler schließen daraus, dass es sich um Juden handelt und dass sie versuchen, Deutschland zu entkommen.

Aber wenn ich offenbare, dass diese Menschen meine Verwandten sind, ändert sich die Atmosphäre spürbar. Die Rücken richten sich auf, das Interesse wird größer. Durch diese Verbindung wird eine unvorstellbare Tragödie persönlicher und damit vorstellbarer. Es ist eine der herausforderndsten und lohnendsten Unterrichtsstunden des Jahres, weil sie es meinen Schülern und mir ermöglicht, das aufzubauen, was Historiker als Gedächtnis bezeichnen – unsere gemeinsamen Geschichten aus der Vergangenheit."
— Jessica Landy, die Enkelin von Cynthia Landy

Unser Erbe geht im einundzwanzigsten Jahrhundert tatsächlich auf die nächste Generation über. Wir können Minas Stimme aus der Ferne hören, die uns alle dazu aufruft, diese Geschichte weiterzugeben, auch in der Zukunft.

ST. LOUIS

ERNEUERUNG

Die Rezepte

Unsere deutsch-jüdische Familiengeschichte endet dort, wo sie begann – in der Küche und am Tisch.

Dort kommen wir unserer Vergangenheit am nächsten.

Der Geschmack ist ein königlicher Weg zurück; aber was bleibt heute von unserer familiären Esskultur, die vor über einem Jahrhundert in der Pfalz entstanden ist? Einige Gerichte, die weiterhin für Feiertage und besondere Anlässe zubereitet werden. Andere sind nur noch in der Erinnerung vorhanden. Wir wendeten uns unserer kunterbunten Sammlung handgeschriebener Rezepte zu, vor Jahrzehnten gekritzelt und nun auf Karteikarten und verblassten Papieren verstreut. Mit ihnen versuchten wir die kulinarischen Highlights unserer Großmutter, die sie auf ihrer Flucht aus Nazi-Deutschland in den sicheren Hafen von Amerika mitgebracht hatte, im Telegrammstil festzuhalten. Aber ihre Küche war hauptsächlich eine mündliche Tradition, die sie von ihrer Mutter geerbt hatte. Nur sehr wenig wurde von ihr aufgeschrieben.

Wie kann man dieses kulinarische Erbe vor dem Verschwinden bewahren, so wie die jüdische Kultur unserer Familie in der Pfalz durch den Holocaust unterging? Um ihr Wesen in dreizehn Gerichten bewahren zu können, haben wir unsere Tante und Mutter Sue Siegel, unsere letzte lebende Verwandte, die diese verschwundene Welt noch aus erster Hand kennt, befragt. Wir recherchierten die Wurzeln der einzelnen Rezepte in der Alten Welt. Dann schauten wir uns unser Erbstück des *Settlement Cookbook* an, das Generationen von jüdischen Frauen half, die jüdische Kultur zu bewahren, während sie sich in die amerikanische Gesellschaft integrierten.

Unser Blick verlagerte sich dann in die Küche, wo wir die Rezepte mit der Unterstützung erfahrener, engagierter Köchinnen testeten und nachtkochten. Das Ziel: die Seele eines jeden Gerichts wieder einzufangen, damit Geschmack, Erinnerung und Familie zu einer Einheit verschmelzen. Wir wollen die Liebe, die dieses Essen durchdringt, von der Vergangenheit in die Gegenwart und von der Gegenwart in die Zukunft weitergeben.

Jedes Rezept erzählt eine Geschichte. In einem Stück Linzer Torte steckt eine ganze Welt.

Famous Linzer Torte:

scant

blanched & chopped

1 T. cocoa
1/4 t. cinn…
grated lem…
3 T. lemon…

LINZERTORTE

Ingrediants:
1 stick of sweet butter
4 tablespoon of oil
2 eggs
three-quarters of a cup of sugar
pinch of salt
3 tablespoon of cocoa
One-half a cup of ground chocolate (bits)
One-quarter teaspoon of ground cinnamon
One packet of vanilla sugar
3 tablespoon of whiskey
2 tablespoon of liquor or kirsch
Rind of half a lemon
Rind of one orange
4 cups of flour mixed with 3 teaspoon of

…e dough overnight in the icebox. On the top I …rent jelly, and a little liquor and orange rind

I am sure you know the finishing touch, dear; …t call me. I hope it is not too hard to under…

Good luck and much love to both of you

Yours affectionately,

Sidy and Louis

Oma's Cheesecake

(1)

Dough
Sift then measure 1 cup all-purpose flour; Resift with ½ tsp salt. measure and combine ⅓ cup of shortening. Cut ½ of shortening into the flour mixture - work it lightly till it has the grain of cornmeal. Cut the remaining half coarsely into dough. Sprinkle the dough with 2-3 tablespoons water - allow moisture to spread till dough will gather into tidy ball. If possible, refrigerate

(2)

beat yolks on high, slowly adding ½ cup of sugar and vanilla. beating on medium, add cream cheese, sour cream and corn starch.
add salt to egg whites, and beat till very stiff. add ¼ cup sugar.
beating on low, add whites to yolks so that whites remain fluffy.
pour filling into cake tin.
bake 1 hour at 350° F till top is gold…

Wiener Hörnchen (à la Sidy)

1 stick butter
not quite ½ cup sugar
1 cup ground nuts (hazel Almond)
1 cup flour

cream butter with knife
add sugar + cream
add nuts + then flour, knead with hands - add 1 pk vanilla sugar over

White Wine

1 cup white wine
½ cup water

APPLE CAKE

4 OR 5 GRANNY SMITH APPLES
CUT IN HALF AND CORED
THEN PEELED (LEAVE HALF)

3 EGGS
1/4 CUP SUGAR
1 TEASP. VANILLA

1 PIECRUST (YOUR CHOICE)
HEAT OVEN TO 400
LINE PIE DISH - (SPRINGFORM) WITH PASTRY
CRUMBLE DRY ALMOND MACAROONS (ABOUT 4 to 5) AND SPREAD ON PIE CRUST
SLICE 1/2 APPLES WITHOUT SEPERATE SLICES
ARRANGE APPLES FAN SHAPED - PUTTING SOME IN CENTER
BEAT EGG YOLKES WITH SUGAR + VANILLA
BEAT EGG WHITES - FOLD INTO YOLKES
POUR OVER APPLES
BAKE AT 400° FOR 15 MIN.
REDUCE HEAT TO 375°
SHOULD BE DONE IN 50 MIN.

Cake

6 eggs

for fruit pies

…s separated 2 - 3 tablespoons
1 dessert spoon cornflour, 2 tablespoons
…ikes beaten fluffy … yoghurt or
…r hour at 325° 2 spoons cream

Zweiter Teil

Familienschätze & Rezepte

463
Cherries or Blueberries)
378. Roll out, spread over bottom
m. Place in hot oven, 400° F. When
ed sweetened cherries or blueberries,
he top with a sponge made as follows:
¼ lb. almonds
Rind of 1 lemon
ll; add almonds, blanched and ground
the stiffly beaten whites. Bake light
50° F., ¾ to 1 hour.
BERRY TORTE
3 tablespoons cream
4 whites of eggs
¼ cup powdered sugar
Muerbe Teig
a spring form with Muerbe Teig No. 1,
ead crumbs, add blueberries, sprinkle with
emon juice. Over all drip the yolk of an
Bake in a hot oven (400° F.) for 15 min-
F. and bake until crust is well browned.
til stiff, add powdered sugar, spread over
bake 15 minutes at 300° F.
H OR PEAR TORTE
3 eggs, separated
s or pears ½ cup cream or fruit juice
½ cup sugar
spring form with Cookie Dough. Drain fruit,
er a custard made by beating eggs well with
fruit juice and place in hot oven, 400° F., for
eat to 350° F. and bake until custard is set.
nkle with Ground Almond Brittle, page 518.
eam.
PRUNE TORTE
Grated rind of lemon
¼ cup powdered sugar
1 cup chopped nuts
es of a spring form with Muerbe Teig No. 2,
n shape with the hands. Cook Prunes, page 334,
and place into lined tin. Beat the whites of eggs
and the grated lemon rind, spread this over the
the chopped nuts on top. Bake in a
or until crust is well
THREE CUP
TWO CUPS
ONE CUP

INHALT

VOR DEM KOCHEN

Keiner von uns wurde als perfekter Koch geboren, auch nicht die Frauen in unserer Familie, deren Essen uns ernährte und erfreute, als wir aufwuchsen. Kochen ist eine Kunst, aber vor allem ist es eine tägliche Übung. Im Laufe der Jahre haben wir selbst in der Küche das eine oder andere gelernt. Hier sind die besten Praktiken, die wir mit Ihnen teilen möchten, um Sie auf Ihrer eigenen Kochreise zu unterstützen:

DAS REZEPT LESEN

Machen Sie es sich zur Gewohnheit, ein Rezept ganz durchzulesen, bevor Sie es zubereiten. Auf diese Weise sind Sie mit allen Schritten vertraut und haben alles, was Sie für die Zubereitung des Gerichts brauchen.

VEREINFACHEN SIE IHR KOCHEN DURCH MISE EN PLACE

Mise en place ist eine Praxis und Denkweise, die französische Köche in ihren Profiküchen anwenden. Wörtlich übersetzt heißt es „alles an seinem Platz“ und bedeutet das Zusammenstellen aller Zutaten, die Küchenwerkzeuge bereit zu legen, und den Arbeitsplatz in der Küche vorzubereiten. Dazu gehört das Vorbereiten von Fleisch, Gemüse und Obst, das Abwiegen der Zutaten wie das von Gewürzen, das Sieben von Mehl, das Hacken oder Mahlen von Nüssen und das Sicherstellen, dass die Zutaten bei Bedarf Zimmertemperatur haben. Diese Art des Kochens trägt dazu bei, den Geist zu beruhigen, so dass Sie in jeder Phase des Prozesses voll präsent sein können.

ZUTATEN ABWIEGEN, UM BESTE ERGEBNISSE BEIM BACKEN ZU ERZIELEN

Genaue Mengenangaben sind für das Gelingen von Backwaren besonders wichtig. Sie verringern die Fehlerspanne, wenn Sie nach Gewicht (Gramm) und nicht nach Volumen (Messbecher) messen. Erwägen Sie zu diesem Zweck die Verwendung einer digitalen Küchenwaage.

PROBIEREN BEIM KOCHEN

Warten Sie nicht, bis Sie mit dem Kochen fertig sind, um Ihr Gericht zu probieren. Das Rezept ist ein Leitfaden, aber erfolgreiches Kochen erfordert persönliches Urteilsvermögen. Schmecken Sie nach und vertrauen Sie Ihrem Instinkt. Übung macht den Meister, wie die Köche in unserer Familie im Laufe der Jahre liebevoll bewiesen haben.

ZUTATEN

- Eier – setzen Sie Größe L und Raumtemperatur voraus, sofern nicht anders angegeben
- Zucker – Weißer Rohrzucker
- Mehl – ungebleichtes Allzweckmehl
- Butter – ungesalzene Butter
- Salz – koscheres oder grobes Salz
- Nüsse – kaufen Sie die besten, die sie sich leisten können, und bewahren sie diese im Kühlschrank auf, um deren Verderben vorzubeugen.
- Nussmehl / gemahlene Nüsse – gemahlene Nüsse sind grober als Mehl. Im Handel erhältliche gemahlene Nüsse sind feiner als selbst gemahlene, jedoch etwas weniger schmackhaft.

KÜCHENZUBEHÖR

- Ofenthermometer – Investieren Sie in eines, um sicherzustellen, dass Ihr Ofen auf die korrekte Temperatur eingestellt ist.
- Backpapier – Nutzen Sie es beim Backen, um das Ankleben zu verhindern, vor allem bei älteren Blechen.
- Küchenmaschine – Dieses Gerät kann Ihnen Zeit und Mühe bei der Zubereitung einiger der folgenden Rezepte sparen. Sie können jedoch auch alles per Hand zubereiten, mithilfe eines scharfen Küchenmessers und etwas Muskelkraft!
- Handmixer – Auch dieser hilft, Zeit zu sparen, ist jedoch nicht zwingend erforderlich. Ein Schneebesen, ein Holzlöffel und etwas mehr Einsatz sind ein guter Ersatz.

ZUTATEN

Ergibt einen großen Laib

Backpapier

1 mittelgroße mehlige Kartoffel, geschält (190 g)

240 + 60ml Wasser

3 Esslöffel neutrales Pflanzenöl plus mehr zum Einfetten des Backblechs

3½ Teelöffel koscheres Salz

720 g Weizenmehl 550 plus mehr zum Kneten, gesiebt

2¼ Teelöffel aktive Trockenhefe (1 Päckchen), aufgelöst in ¼ Tasse (60 ml) warmem Wasser

1 Eigelb, gut verquirlt

2 Esslöffel Schwarzmohn

Vorbereitung: Berches ist das zeremonielle Brot der deutschen Juden, das den Beginn des Sabbats markiert, des Tages, der der Ruhe und dem Gebet gewidmet ist. Unsere Großmutter Erna Levy hat Berches – eine Familientradition in Deutschland – auch nach ihrer Auswanderung nach Amerika weiter gebacken. Wie Challah wird auch Berches geflochten, doch anstelle von Ei enthält es Kartoffelpüree, das ihm einen leicht sauren Geschmack und eine weiche Konsistenz verleiht. Planen Sie im Voraus Zeit ein, damit der Teig dreimal aufgehen kann.

Deutsch-jüdisches Zeremonienbrot (*Berches*)

Kartoffel kochen, abgießen und zu einer gleichmäßigen Konsistenz pürieren. Kartoffel, 1 Tasse Wasser (240 ml) und Öl in einer Schüssel vermengen.

Salz in ¼ Tasse (60 ml) Wasser einrühren und beiseitestellen.

Das gesiebte Mehl und die Hefe in eine große Schüssel geben. Mit der Hand vermischen. Kartoffelmischung unterrühren. Der Teig wird grob sein. Abdecken und 30 Minuten an einem warmen, zugfreien Ort gehen lassen.

Salzwasser zum Teig geben. Mit sauberen Händen 5-7 Minuten kneten, bis er glatt und elastisch ist. Den Teig in eine große geölte Schüssel geben, mit einem Handtuch abdecken und etwa zwei Stunden an einem warmen Ort gehen lassen, bis sich das Volumen verdoppelt hat.

Den Teig auf eine leicht bemehlte Arbeitsfläche legen. Ein Fünftel des Teigs abschneiden, um einen dekorativen Zopf zu formen, und beiseitestellen. Den restlichen Teig zu einer Kugel formen und mit der Nahtseite nach unten ruhen lassen.

ZOPF ZUBEREITEN: Den Zopfteig in drei Teile teilen. Mit sauberen, leicht bemehlten Händen zu drei dünnen Strängen von jeweils etwa 35 cm Länge rollen. Legen Sie die Seile in einer Reihe nahe beieinander, kneifen Sie die oberen Enden zusammen und flechten Sie sie zu einem festen Zopf. Die unteren Enden zusammendrücken.

LAIB ZUBEREITEN: Den Brotteig zunächst mit den Händen zu einem Rechteck formen und dann vorsichtig in die gewünschte ovale Form rollen, die etwa 30 cm lang ist. Den Zopf der Länge nach über die Oberseite des Laibs legen und die Enden in den Teig drücken.

Den Brotlaib auf ein leicht geöltes, mit Backpapier ausgelegtes Backblech legen. Zugedeckt 30-45 Minuten gehen lassen, bis der Teig aufgeht.

Den aufgegangenen Laib mit verquirltem Eigelb bestreichen. Mit Mohn bestreuen.

Den Ofen auf 175°C vorheizen, dann das Backblech in die Mitte des Ofens schieben. Den Laib 50-60 Minuten backen, bis er goldbraun ist, dabei den Laib nach der Hälfte der Backzeit drehen.

Vor dem Servieren auf einem Kuchengitter vollständig abkühlen lassen.

„Ich erinnere mich an die zarten, verwitterten Hände meiner betagten Großmutter, die sie über die Berches hielt, die sie für das Schabbatmahl am Freitag gebacken hatte. Bis weit in ihre achtziger Jahre hinein wiederholte sie den rituellen Segen, den sie als Mädchen in Deutschland gelernt hatte: ‘Baruch ‘atah Adonai Elohenu Melech Ha’olam Hammotzi lechem min ha’aretz. Gesegnet seist Du, Adonai, unser Gott, der das Brot aus der Erde hervorbringt.’ “

—Ruth Landy

Kartoffel-Gemüse-Suppe

ZUTATEN

Pürierstab/Stabmixer

6-8 Portionen

2-3 Esslöffel Butter oder neutrales Pflanzenöl wie Raps- oder Traubenkernöl

2 große Lauchstangen, weiße und hellgrüne Teile, geputzt und in feine Scheiben geschnitten

1 kleine Zwiebel, fein gewürfelt

2 Knoblauchzehen, gehackt

1 ½ Teelöffel Salz

½ Teelöffel gemahlener weißer oder schwarzer Pfeffer

½ Teelöffel getrockneter Thymian oder Blätter von 3 Thymianzweigen (optional)

210 g Knollensellerie, geschält und gewürfelt

680 g Kartoffeln, vorwiegend festkochend, geschält und gewürfelt

1 große Karotte, geschält und fein gehackt

1,5 l Gemüsebrühe, vorzugsweise selbst gekocht

4 Esslöffel fein gehackte Petersilie

Dieses Rezept ist sehr flexibel, Sie können also gerne mit anderen Gemüsekombinationen experimentieren. Wie beschrieben ist es vegetarisch und vegan, aber Sie können es auch mit Hühnerbrühe zubereiten.

Butter oder Öl in einem großen Topf auf mittlerer Stufe erhitzen.

Lauch und Zwiebeln hinzufügen und unter häufigem Rühren etwa 5 Minuten dünsten, bis das Gemüse weich wird. Gehackten Knoblauch, Salz, Pfeffer und Thymian (falls verwendet) hinzugeben. Weiterrühren, bis das Gemüse glasig, aber nicht gebräunt ist.

Selleriewurzel, Kartoffeln, Karotte und Brühe hinzufügen. Zum Kochen bringen, abdecken und die Hitze auf mittlere bis niedrige Stufe reduzieren. 30 bis 45 Minuten köcheln lassen, bis das Gemüse weich ist und sich leicht durchstechen lässt.

Pürieren Sie die Suppe mit einem Stabmixer bis zur gewünschten Konsistenz, von stückig bis cremig.

Würze anpassen. Wenn die Suppe zu dick ist, mit Brühe oder Wasser verdünnen. Die heiße Suppe in Schüsseln füllen und mit gehackter Petersilie garnieren.

„Ich habe wunderbare Erinnerungen an die einfachen Abendessen, die meine Mutter während unserer Familienurlaube im Schwarzwald zubereitete. Ihr Hauptgericht war eine pürierte Suppe aus Kartoffeln, Karotten, Lauch und anderem Gemüse. Sie war so einfach, gesund und sättigend. Zum Nachtisch backte sie einen Obstkuchen mit Hefeteig und frischen, im Garten gepflückten Beeren."

—Sue Siegel

ZUTATEN

8 Portionen

Etwa 30 Matzekugeln

Backpapier

HÜHNERBRÜHE

1 Huhn (1,6 kg), in 8 Stücke geschnitten, mit Knochen und Haut, oder das gleiche Gewicht an Hühnerkeulen und Schenkeln

2-3 Esslöffel neutrales Pflanzenöl

150 g gehacktes Gemüse, zu gleichen Teilen Zwiebeln, Karotten und Sellerie

1 Lorbeerblatt

2 Esslöffel fein gehackte Petersilie

4-5 schwarze Pfefferkörner

2 Teelöffel Salz oder nach Geschmack

etwa 2 Liter Wasser

MATZE-KUGELN

2 Esslöffel erweichte Margarine oder neutrales Pflanzenöl

½ Teelöffel Salz

3 große Eier, Raumtemperatur

65 g Matzemehl

***VORBEREITEN:* Bereiten Sie die Hühnerbrühe und die Matzekugeln einen Tag vor dem Servieren der Suppe zu, damit Sie das Fett aus der Brühe entfernen und die Matzekugeln kaltstellen können. Eine selbst zubereitete Brühe gibt den besten Geschmack, aber Sie können notfalls auch eine gekaufte Brühe verwenden. Sie können die Suppe auch mit Gemüsebrühe zubereiten.**

Matze-Kugelsuppe

HÜHNERBRÜHE

Öl in einem großen Suppentopf bei mittlerer bis hoher Hitze erhitzen. Hähnchenteile hinzufügen und anbraten, bis sie gebräunt sind, 5-10 Minuten pro Seite. Auf einen Teller legen. Gehacktes Gemüse, Lorbeerblatt, Petersilie und Pfefferkörner in den Topf geben und andünsten, bis das Gemüse weich ist. Gebräunte Hähnchenteile zurück in den Topf geben.

Hähnchen und Gemüse mit 5 cm Wasser bedecken. Bei starker Hitze zum Kochen bringen, dann sofort auf ein langsames Köcheln reduzieren, so dass die Luftblasen gerade an die Oberfläche steigen. Zugedeckt kochen, bis das Huhn sehr zart ist und von den Knochen fällt, 1½ bis 2 Stunden.

Die Suppe durch ein feines Sieb abseihen. Die Brühe aufbewahren und das gekochte Huhn für eine andere Verwendung aufheben. Sobald die Brühe abgekühlt ist, über Nacht in den Kühlschrank stellen. Vor dem Wiedererwärmen das Fett von der Oberfläche entfernen.

MATZEKUGELN

Eier und Salz in einer großen Schüssel von Hand schaumig schlagen. Nach und nach die weiche Margarine oder das Öl mit dem Schneebesen unterrühren. Langsam das Matzemehl in die Schüssel streuen, gerade so viel, dass eine glatte Masse entsteht. Nicht überrühren. Abdecken und mindestens eine Stunde, am besten aber 3 Stunden bis über Nacht in den Kühlschrank stellen, damit die Mischung fest wird.

Die gekühlte Matzekugelmischung aus dem Kühlschrank nehmen. Die sauberen Hände anfeuchten und die Matzenmasse vorsichtig zu Kugeln von der Größe einer großen Murmel rollen. Die Kugeln auf ein mit Papier ausgelegtes Backblech legen und mit Frischhaltefolie abdecken. Mindestens drei Stunden in den Kühlschrank stellen.

Brühe langsam zum Kochen bringen. Die kalten Matzebällchen vorsichtig einzeln hineingeben und den Deckel leicht anheben. Die Hitze reduzieren und die Bällchen ohne Rühren langsam köcheln lassen, bis sie schwimmen und durchgekocht sind (20-30 Minuten). Eins probieren, ob sie gar sind.

Heiß in Suppentellern servieren und pro Person die gleiche Anzahl von Matzebällchen dazugeben.

„Die Matze-Kugelsuppe ist eine feste Größe in unserer Familie und wird traditionell zu Pessach serviert. Die Brühe ist mild und salzig. Die Matzekugeln sind federleicht und geschmeidig. Ich bin so dankbar, dass meine Omi sie zu besonderen Anlässen für mich gemacht hat."

—Isaac Siegel-Hanly

Esskastanien mit Birnen

ZUTATEN

6 Portionen

55 g Butter oder 60 ml Olivenöl

1 mittlere Zwiebel und 2 Schalotten, fein gewürfelt

260 g zubereitete Kastanien

3 mittelgroße reife Birnen, geschält, geviertelt und entkernt

250-375 ml Hühnerbrühe

1 Prise Salz

1 Prise Pfeffer

Ein Spritzer trockener Weißwein

Dieses Gericht ist eine Spezialität aus Süddeutschland und dem benachbarten Elsass. Es ist im Herbst und Winter beliebt, wenn Kastanien und Birnen Saison haben. Traditionell wird es zu gebratenem Fleisch serviert, kann aber auch ein vegetarisches oder veganes Gericht ergänzen.

Für die Zubereitung nehmen Sie 1 kg frische Kastanien und ritzen mit einem Messer ein X an das spitze Ende jeder Kastanie.

MIKROWELLE: Eingeschnittene Kastanien auf einen Teller legen. In Intervallen von einer Minute erhitzen, bis sich die äußere Schale abzulösen beginnt (etwa 3-4 Minuten). Die äußere und innere Schale abziehen, solange die Kastanien noch heiß sind.

OFEN: Auf 175°C vorheizen. Eingekerbte Kastanien auf ein mit Backpapier oder Alufolie ausgelegtes Backblech legen. 20 bis 30 Minuten backen, bis sie weich sind. Die äußere und innere Schale abziehen, während die Kastanien noch heiß sind.

Zwiebeln und Schalotten in einer großen Pfanne in Butter/Olivenöl bei mittlerer bis niedriger Hitze anschwitzen, bis sie weich, aber nicht gebräunt sind, etwa 8-10 Minuten.

Kastanien, Birnen, Brühe, Salz, Pfeffer und gegebenenfalls Wein hinzufügen.

Stark köcheln lassen, dann die Hitze reduzieren und 45 Minuten bis eine Stunde kochen, bis sich die Zutaten und Aromen gut vermischt haben. Heiß servieren.

„Kastanien mit Birnen waren immer Teil des Geburtstagsessens meines Vaters, zusammen mit gebratener Ente und Rotkohl. Das war sein Lieblingsessen. Er aß saisonal, lange bevor das in Mode kam, denn diese Gerichte waren das Beste im Herbst. Ich nehme immer noch gerne verbrannte Finger beim Schälen von Kastanien in Kauf. Das ist es wert.“

—Peter Siegel

Süß & sauer Rotkohl mit Äpfeln

ZUTATEN

6-8 Portionen

1 mittelgroßer Rotkohl, ca. 1 kg, entkernt und fein zerkleinert

2 Esslöffel neutrales Pflanzenöl wie Raps- oder Sonnenblumenöl

1 mittelgroße Zwiebel, in dünne Scheiben geschnitten

120 ml Gemüse- oder Hühnerbrühe, plus mehr nach Bedarf

80 ml Rotweinessig

1 Teelöffel frische Thymianblätter, fein gehackt

1 Lorbeerblatt

¼ Teelöffel gemahlener Piment

¾ Teelöffel Salz

1 großer oder zwei kleine säuerliche Äpfel (z. B. Granny Smith oder Pippin), geschält, entkernt und in dünne Scheiben geschnitten

Frisch gemahlener Pfeffer nach Geschmack

½ Pfund Kastanien, geröstet, geschält und halbiert (optional)

Süß-saurer Rotkohl mit Äpfeln schmeckt am Tag nach der Zubereitung noch besser und ist fünf Tage haltbar.

Öl bei mittlerer Hitze in einem großen Topf oder einer Pfanne mit Deckel erhitzen. Zwiebel hinzufügen und unter Rühren 5-7 Minuten dünsten, bis sie glasig und weich ist.

Den Kohl zu den Zwiebeln geben. Gründlich schwenken und bei mittlerer Hitze unter häufigem Rühren kochen, bis der Kohl zusammenfällt, etwa 10 Minuten.

Brühe, Rotweinessig, Thymian, Lorbeerblatt, Piment und Salz nach Geschmack einrühren. Alles gut durchmischen, in Scheiben geschnittene Äpfel hinzufügen und alles zum Kochen bringen.

Die Hitze auf niedrige Stufe reduzieren, abdecken und 45 Minuten bis eine Stunde kochen, gelegentlich umrühren, bis der Kohl weich ist. Bei Bedarf mehr Brühe hinzufügen, um den Kohl feucht zu halten. Falls gewünscht, nach der Hälfte der Garzeit Kastanien hinzufügen.

Das Lorbeerblatt entfernen. Mit frisch gemahlenem Pfeffer, Salz und Zucker würzen und nach Belieben mit einem Esslöffel Essig abschmecken.

Heiß servieren.

„Dieses Gericht verwandelt bescheidenen Rotkohl in ein duftendes, herzhaftes und schmackhaftes Gemüsegericht. In unserer Familie in Deutschland war es sehr beliebt und ist es auch heute noch. Unsere Mutter Cynthia hat es immer zu Thanksgiving gemacht. Jetzt bereite ich es in Erinnerung an sie zu."

—Ruth Landy

Sauerbraten

ZUTATEN

6-8 Portionen

1,8 kg entbeinter Rinderhüftbraten oder Rinderrücken

1 Teelöffel Salz und frisch gemahlener schwarzer Pfeffer, nach Geschmack

MARINADE

355 ml Rotweinessig

240 ml roter Tafelwein

2 Esslöffel Zucker

240 ml Wasser

BRATEN—VORBEREITUNG

3 Lorbeerblätter

2 Teelöffel schwarze Pfefferkörner

1 große Zwiebel, in dünne Scheiben geschnitten, halbiert

240 ml Wasser je nach Bedarf

240 ml roter Tafelwein, je nach Bedarf

BRATEN

3 Esslöffel neutrales Pflanzenöl

Salz und frisch gemahlener Pfeffer nach Geschmack

Gehackte Petersilie zum Servieren

Gedünstetes Gemüse (optional)

VORBEREITEN: Beginnen Sie mit diesem Gericht fünf Tage vor dem Servieren. Das ist die optimale Zeit, um das Fleisch in seiner Marinade aus Essig, Wein, Wasser und Gewürzen zart werden zu lassen. Verwenden Sie für ein optimales Ergebnis Qualitätsrindfleisch von Ihrem örtlichen Metzger.

Vor dem Servieren können Sie gedünstetes Gemüse wie Karotten hinzufügen, um einen optischen Kontrast zu schaffen.

Essig, Wein, Zucker und Wasser in einen mittelgroßen Topf geben und bei mittlerer bis hoher Hitze zum Kochen bringen. Die Hitze reduzieren und fünf Minuten lang köcheln lassen. Gründlich abkühlen lassen.

Den Braten großzügig mit Salz und Pfeffer bestreuen und gründlich einreiben. Fleisch, Lorbeerblätter und Pfefferkörner in eine tiefe Schüssel (Glas, Keramik oder Edelstahl) geben. Die Hälfte der in Scheiben geschnittenen Zwiebeln hinzugeben. Das Fleisch mit der abgekühlten Marinade bedecken und bei Bedarf zu gleichen Teilen Essig und Wasser hinzufügen.

Dicht mit einem Deckel, Alufolie oder Frischhaltefolie abdecken. 4 bis 5 Tage im Kühlschrank aufbewahren, dabei den Braten zweimal täglich wenden.

Das Fleisch eine Stunde vor dem Zubereiten aus dem Kühlschrank nehmen. Mit Papiertüchern vollständig trocken tupfen. Marinade durch ein feinmaschiges Sieb abgießen. Die Flüssigkeit aufbewahren und die festen Bestandteile wegwerfen.

Den Backofen auf 175°C vorheizen.

Auf dem Herd in einem Schmortopf Öl bei mittlerer bis hoher Hitze erhitzen. Fleisch hinzufügen und von allen Seiten goldbraun anbraten, insgesamt 12-15 Minuten, dann aus dem Topf nehmen. Die restlichen Zwiebeln mit Salz und Pfeffer anbraten, bis sie goldbraun sind. Das Fleisch wieder in den Topf geben und die Zwiebeln darauf verteilen. Die zubereitete Marinade über das Fleisch gießen, zum Kochen bringen und den Topf mit einem gut schließenden Deckel abdecken.

In den Ofen schieben und etwa zweieinhalb Stunden garen. Den Braten alle 45 Minuten kontrollieren, bei Bedarf mehr Marinade zugeben und mehrmals wenden. Das Fleisch ist gar, wenn es sehr zart ist und sich leicht mit einem Spieß durchstechen lässt. Den Braten aus dem Ofen nehmen. Das Fleisch aus dem Topf nehmen, die Flüssigkeit aufbewahren und die festen Bestandteile wegwerfen. Die Flüssigkeit bei mittlerer Hitze etwa 10 Minuten unter Rühren kochen, bis sie eindickt. Mit Salz und Pfeffer nach Geschmack würzen.

Das Fleisch auf ein Schneidebrett legen und mindestens 10-15 Minuten ruhen lassen. In dünne Scheiben schneiden und mit gehackter Petersilie, erwärmter Soße und Gemüse servieren.

„Dieses Gericht gibt es bei uns normalerweise zu Pessach oder Chanukka. Das Haus hat immer ein würziges Aroma von dem himmlischen Kontrast von saurem Essig und süßem Zucker, der das Fleisch durchdringt, während es mariniert und dann im Ofen brät. Sauerbraten erinnert mich an Omi, meine Großmutter. Ich habe schon einige Varianten ausprobiert, aber bisher kam keine an ihre heran."

—Claudia Siegel

Streuselkuchen

ZUTATEN

8-12 Portionen

35 x 24 cm rechteckige Backform oder ähnlich

Elektrischer Mixer mit Knethaken

TEIG

15 g aktive Trockenhefe

240 ml Milch, erwärmt

228 g weiche Butter, plus mehr zum Einfetten von Schüssel und Pfanne

100 g Zucker

3 Eier

1 Teelöffel Salz

Schale einer Zitrone, fein gerieben

480-600 g Weizenmehl 550

STREUSELBELAG

100 g Zucker

54 g brauner Zucker

90 g Weizenmehl 550

1 Teelöffel Zimt

½ Teelöffel Salz

25 g fein gehackte Walnüsse oder Mandeln

71 g Butter, erweicht

***VORBEREITEN:** Dieser Kuchenteig muss etwa 45 Minuten aufgehen. Das Rezept lässt sich leicht halbieren und in einer Standardform von 23 x 13 cm oder einer 23 x 4,5 cm großen runden Kuchenform backen.*

Hefe in warmer Milch auflösen und stehen lassen, bis sich an der Oberfläche kleine Bläschen bilden, 3 bis 5 Minuten.

Salz und Zitronenschale zum Zucker in einer kleinen Schüssel geben und verrühren, damit sich das Zitrusöl im Zucker löst.

In einer großen Schüssel die Butter und den Zucker mit einem elektrischen Mixer schaumig schlagen. Die Eier einzeln hinzufügen und nach jeder Zugabe gut verrühren.

Mehl abmessen und sieben. Drei Viertel des Mehls abwechselnd mit der Hefemischung unter die feuchten Zutaten rühren, bis alles gut vermischt ist. Achten Sie darauf, nur so viel Mehl hinzuzufügen, dass eine lockere, aber knetbare Textur entsteht.

Den Teig in einer großen Schüssel von Hand kneten, bis er glatt und elastisch ist (8-10 Minuten). Alternativ können Sie den Teig auch mit einem elektrischen Mixer mit Knethaken kneten.

Den Teig in eine gefettete Schüssel geben, mit einem feuchten Handtuch abdecken und an einem warmen Ort mindestens 45 Minuten gehen lassen, bis sich sein Volumen verdoppelt hat.

Während der Teig aufgeht, alle Streuselzutaten in einer Schüssel mischen, bis sie krümelig sind. Ein Backblech in die Mitte des Ofens schieben und den Ofen auf 175 °C vorheizen.

Eine Backform mit Butter bestreichen, den aufgegangenen Teig ausdrücken und in der Form verteilen.

Streusel gleichmäßig auf dem Teig verteilen und den Kuchen in 25-35 Minuten goldgelb backen.

Warm oder bei Zimmertemperatur servieren.

Dieses Gericht ist eine Hommage an unsere familiäre Backtradition mit Hefeteig, die wir von unserer Großmutter und ihrer Mutter Mina geerbt haben. Hefeteig braucht Zeit, um aufzugehen, aber das Ergebnis ist eine leichte, zarte Textur, da die gärende Hefe durch Millionen winziger Luftbläschen verteilt wird. Sein erdiges Aroma und sein Geschmack erinnert uns sofort an unsere süddeutsche Essentradition.

Vanillekipferl (*Wiener Hörnchen*)

ZUTATEN

Ergibt etwa 30 mittelgroße Kekse

Backpapier

TEIG

227 g ungesalzene Butter, Raumtemperatur, in 3 cm große Stücke geschnitten

270 g Weizenmehl 550

90 g fein gemahlene Mandeln (siehe Hinweis)

1 Päckchen Vanillezucker (siehe Hinweis)

90 g Konditor-/Puderzucker

¼ Teelöffel Salz

VANILLE-TOPPING

30 g Puderzucker

1 Päckchen Vanillezucker (siehe Hinweis)

Sie können gemahlene Mandeln durch verpacktes Mandelmehl guter Qualität ersetzen.

VORBEREITEN: Um Ihren eigenen Vanillezucker herzustellen, messen Sie eine Tasse körnigen weißen Zucker in einem luftdichten Behälter ab. Eine halbe Vanilleschote der Länge nach aufschneiden, die schwarzen Samen herauskratzen und zusammen mit den aufgeschnittenen Stücken der Schote in den Zucker rühren. Das Gefäß verschließen und über Nacht oder eine Woche stehen lassen, um ein intensiveres Aroma zu erhalten. Vor der Verwendung sieben.

Alle Zutaten für den Teig in eine Küchenmaschine geben. Die Zutaten in 10 Sekunden-Interwallen verrühren, bis der Teig eine Kugel bildet.

Sie können die Zutaten auch in einer großen Schüssel vermengen, indem Sie Butter, Salz und Zucker mit einem Schneebesen glatt schlagen und dann das Mehl und die gemahlenen Nüsse hinzufügen. Kurz durchkneten bis alle Zutaten vollständig in den Teig eingearbeitet sind.

Den Teig zu einer Rolle formen und mit Frischhaltefolie abdecken. Mindestens eine Stunde oder bis zu einer Woche im Kühlschrank kühlen.

Das Backblech in die Mitte des Ofens schieben und den Ofen auf 175°C vorheizen.

Schneiden Sie 1,5 cm dicke Scheiben vom Teig ab. Jede Scheibe in den Händen zu einer Kugel rollen, um sie weich zu machen, und zu einem Halbmond formen. 15 Minuten in den Kühlschrank stellen, damit sie fest werden. Während die Kekse abkühlen, Puder- und Vanillezucker mischen.

Die Kekse auf ein mit Backpapier ausgelegtes oder antihaftbeschichtetes Backblech legen. Im vorgeheizten Ofen ca. 10 Minuten backen oder bis die Ränder der Kekse gerade anfangen, golden zu werden. Achten Sie darauf, dass sie nicht zu lange backen, sonst werden sie zerbröseln. Die Kekse vorsichtig auf ein mit Backpapier ausgelegtes Gitter legen, damit sie nicht durch die Hitze des Backblechs weiterbacken.

Die Kekse nur eine Minute ruhen lassen und dann mit einem Sieb oder feinen Sieb mit dem Vanillezucker bestreuen, solange sie noch heiß sind. Sobald die Kekse vollständig abgekühlt sind, ein zweites Mal bestäuben. Noch am selben Tag servieren oder die Kekse einzeln in einem luftdichten Behälter verpacken und an einem kühlen Ort aufbewahren, um sie frisch zu halten. Auf diese Weise halten sie sich mehrere Wochen lang.

„Als wir in der Schweiz aufwuchsen, weit weg von unseren Verwandten in den USA, war ein jährlicher Höhepunkt zur Weihnachtszeit die Ankunft eines Pakets mit Keksen von Tante Sidy aus Chicago. Darin befanden sich zwei Lagen köstlicher, zartschmelzender Wiener Hörnchen, jedes einzeln in Wachspapier eingewickelt. Kein Geschenk hätte uns besser an die Liebe und Hingabe zur Familie unserer wunderbaren Großtante erinnern können."

—Michael Landy

ZUTATEN

8 Portionen

Tiefe Springform, 23 cm Durchmesser

TEIG (oberer und unterer Boden)

300 g Weizenmehl 550 plus 1-2 Esslöffel extra zum Bestäuben der Form

225 g sehr kalte, ungesalzene Butter, in 1,5 cm große Stücke geschnitten

½ Teelöffel Salz

Bis zu 2 Esslöffel Zucker

6-10 Esslöffel Eiswasser

APFELFÜLLUNG

6-8 feste, säuerliche Äpfel, 1 Kg, z. B. Granny Smith, Pippin oder Bramley, geschält, entkernt und in dünne Scheiben geschnitten

1 große Zitrone, geschält und entsaftet

200 g Zucker

1 Teelöffel Zimt

110 g Walnüsse, fein gehackt

150 g Rosinen/Sultaninen

2 Esslöffel Brandy oder Portwein (optional)

Um zu verhindern, dass die geschnittenen Äpfel braun werden, legen Sie sie in eine große Schüssel, beträufeln sie während der Arbeit mit etwas Zitronensaft und rühren gelegentlich um.

Apfel Charlotte

TEIG

Wenn Sie eine Küchenmaschine verwenden, geben Sie Mehl, Salz und Zucker in die Schüssel, rühren sie diese, um sie zu vermischen. Die Butter hinzufügen und kurz umrühren, bis ebsengroße Teigkrümel entstehen. Langsam gerade so viel Wasser hinzufügen, dass die Masse zusammenhält. Diese herausnehmen und zu einer Scheibe formen. Wenn Sie mit der Hand arbeiten: Mehl, Salz und Zucker in einer Schüssel mischen, die Butter mit den Fingerspitzen zügig einkneten; nach Anleitung Wasser hinzufügen und eine Scheibe formen. Mit Frischhaltefolie abdecken und mindestens eine Stunde oder über Nacht in den Kühlschrank stellen.

Den Teig eine Stunde vor dem Backen aus dem Kühlschrank nehmen und in zwei Teile teilen. Auf eine leicht bemehlte Arbeitsfläche legen und beide Teile zu je einem Kreis ausrollen. Der erste sollte etwas größer sein, um den Boden und die Seiten der Form zu bedecken. Den Teig vorsichtig in die Form legen und in den Kühlschrank stellen, während die Füllung zubereitet wird. Der zweite Teil wird später auf die Füllung gelegt.

APFELFÜLLUNG

Wenn Sie bereit sind, die Charlotte zuzubereiten, heizen Sie den Backofen auf 190° C vor.

Wenn Sie Weinbrand oder Portwein hinzufügen, gießen Sie ihn in die Rosinen/Sultaninen und lassen Sie diese 10 bis 15 Minuten einweichen, während Sie die Apfelfüllung zubereiten: Äpfel schälen und in kleine Scheiben schneiden. Zucker, Zimt, Walnüsse, Zitronenschale und Rosinen/Sultaninen (mit Weinbrand oder Portwein) zu den geschnittenen Äpfeln geben. Gut mischen.

Die mit Teig ausgekleidete Form und den Teigkreis aus dem Kühlschrank nehmen. Die Apfelmasse vorsichtig in die Form gießen, so dass sie gleichmäßig bedeckt ist.

Den Teigkreis auf die Oberseite legen. Oberen und unteren Boden zusammendrücken. Backblech auf die mittlere Schiene schieben.

Die Charlotte 45 Minuten bis eine Stunde backen. Der obere Boden sollte goldbraun sein.

Vor dem Servieren auf einem Rost abkühlen lassen.

„Ich bin sicher, dass meine Großmutter Mina das Backen von Apfel-Charlotte in der Kochschule gelernt und es dann ihren Töchtern beigebracht hat. Ich erinnere mich, dass meine Mutter am Sabbat eine Charlotte als Dessert zubereitete, zuerst in Deutschland, dann in Amerika. Es ist eine Familiensache, eine Tradition – und so lecker!“

—Sue Siegel

Pflaumen-/Obstkuchen

ZUTATEN

6-8 Portionen

Tarteform mit abnehmbarem Boden, 23 cm Durchmesser

Backpinsel

TEIG

150 g Weizenmehl 550 plus mehr zum Bestäuben

½ Teelöffel Salz

2 Teelöffel Zucker

100 g ungesalzene Butter, gekühlt und in kleine Stücke geschnitten

3 Esslöffel Eiswasser

FÜLLUNG

700 g Pflaumen entsteint und in ca. 1cm dicke Scheiben geschnitten

65 g fein zerbröselte Kekse wie Biscotti oder Amaretti

½ Teelöffel Zimt

1 Esslöffel Zucker, oder nach Geschmack ½ Teelöffel Zimt

Ein Spritzer Weinbrand für die geschnittenen Früchte (optional)

40 g Aprikosenkonfitüre, leicht erwärmt

Dies ist unser klassisches Familienrezept für Obstkuchen. Wenn Saison ist, wird es traditionell mit italienischen Pflaumen zubereitet, aber Sie können auch andere Pflaumen oder anderes Steinobst sowie Äpfel oder Birnen verwenden. Unsere Tartefüllung braucht sehr wenig Zucker. Passen Sie die Menge nach oben oder unten an, je nach dem Säuregehalt Ihres Obstes. Trockene Kekskrümel absorbieren die Feuchtigkeit aus dem Obst. Sie können auch normale Kekskrümel verwenden.

TEIG

Wenn Sie eine Küchenmaschine verwenden, geben Sie Mehl, Salz und Zucker in die Schüssel und vermischen sie diese. Dann die Butter hinzufügen, bis erbsengroße Teigkrümel entstehen. Langsam etwas Wasser hinzufügen, damit der Teig weich wird, herausnehmen und zu einer Scheibe formen. Wenn Sie mit der Hand arbeiten, als erstes Mehl, Salz und Zucker in einer Schüssel mischen, die Butter mit den Fingerspitzen zügig einkneten und dann nach und nach Wasser hinzufügen, bis sie aus dem Teig eine Scheibe formen können. Dicht mit Frischhaltefolie abdecken und mindestens eine Stunde oder über Nacht in den Kühlschrank stellen.

Den Teig eine Stunde vor dem Backen aus dem Kühlschrank nehmen. Auf eine leicht bemehlte Arbeitsfläche legen und zu einem Kreis ausrollen, der groß genug ist, um den Boden und die Seiten der Form zu bedecken. Den Teig vorsichtig in die Form legen und in den Kühlschrank stellen, während die Füllung zubereitet wird.

FÜLLUNG

Zimt mit Zucker vermischen und über das geschnittene Obst streuen. Eventuell einen Spritzer Weinbrand hinzufügen. Kekskrümel gleichmäßig auf dem Teig verteilen. Die Früchte in konzentrischen Kreisen oder in einem anderen Muster dicht auf dem Teig anordnen.

Die Tarte bei 190° C im vorgeheizten Ofen backen, bis die Pflaumen Farbe angenommen haben und der Teig knusprig ist, etwa 45 Minuten. Aus dem Ofen nehmen und sofort die erwärmte Marmelade mit einem Backpinsel leicht auf den Pflaumen verteilen. Die Marmelade sparsam auftragen, gerade so viel, dass ein gleichmäßiger Glanz entsteht.

Vor dem Servieren die Tarte bei Zimmertemperatur auf einem Kuchengitter abkühlen lassen.

„Eine meiner schönsten Erinnerungen an meine Kindheit in Berkeley ist, dass ich beim Betreten der gemütlichen Wohnung meiner Großmutter Omi eine Mischung aus süßen und herzhaften Aromen einatmete. Dieser Pflaumenkuchen war ihr Lieblingsdessert für einen einfachen, aber köstlichen Abschluss der Mahlzeit."

—David Siegel

ZUTATEN

6-8 Portionen

Tiefe Springform, 23 cm Durchmesser

Backpapier

HASELNUSS TORTE

250 g ganze Haselnüsse, geröstet und fein gemahlen (siehe Hinweis)

½ Teelöffel Zimt

½ Esslöffel Zitronenschale

¼ Teelöffel Salz

5 Eier, Raumtemperatur, getrennt

190 g Puderzucker getrennt einmal 125 g und 65 g

weiche Butter zum Einfetten der Springform

WEINCREME

80 ml Riesling oder ein anderer halbtrockener Weißwein

Geriebene Schale einer halben ungespritzten Zitrone

4 große Eier, Raumtemperatur, getrennt

Zucker, getrennt in 65 g + 50 g

1/8 Teelöffel Zimt

Dies ist eine mehlfreie, glutenfreie Torte. In unserer Familie wird sie traditionell mit Weincreme serviert, aber man kann sie auch allein oder mit einem Obstkompott genießen.

Wenn Sie keine ganzen Haselnüsse bekommen können, können Sie auch Haselnussmehl oder fein gemahlene Mandeln verwenden.

Haselnusstorte mit Weincreme

HASELNUSSTORTE

Springform ausbuttern und den Boden und die Seiten mit Backpapier auslegen. Rost in die Mitte des Ofens schieben und auf 175°C vorheizen. Nüsse in einer Küchenmaschine fein mahlen. Zimt, Zitronenschale und Salz hinzugeben. Umrühren und beiseitestellen.

In einer großen Schüssel Eigelb und Zucker mit einem elektrischen Mixer aufschlagen, bis die Masse hell und schaumig ist. In einer anderen Schüssel das Eiweiß schaumig schlagen. Den restlichen Zucker in einem stetigen Strom hinzufügen und mit hoher Geschwindigkeit schlagen, bis sich glänzende Spitzen bilden.

Ein Drittel des Eischnees vorsichtig unter das Eigelb heben. Die Hälfte der Nussmischung unterheben, dann das zweite Drittel des Eischnees unterheben. Die restlichen Nüsse hinzufügen und das letzte Drittel des Eischnees unterheben. Die einzelnen Zugaben vorsichtig unterheben, um die luftige Konsistenz zu erhalten.

Den Teig in die vorbereitete Form geben und bei 175°C 40-45 Minuten backen, bis der Kuchen hellbraun ist und sich vom Rand der Form zu lösen beginnt. Aus dem Ofen nehmen. Wenn er vollständig abgekühlt ist, den Springformrand entfernen und das Backpapier vorsichtig abziehen.

WEINCREME

Den Wein erwärmen und die Zitronenschalen dazugeben. Beiseitestellen, während die Eier zubereitet werden. Eiweiß in eine Schüssel geben und mit einem elektrischen Mixer auf mittlerer Stufe schaumig schlagen. Nach und nach 50 g Zucker hinzufügen und auf höchster Stufe schlagen, bis sich glänzende Spitzen bilden.

Wasser im Boden eines Doppelkessels oder in einem Topf mit einer hitzebeständigen Glas- oder Metallschüssel erhitzen. Eigelb, 65 g Zucker und Zimt verrühren, bis sich der Zucker aufgelöst hat. Die Mischung mit dem Schneebesen 2 bis 3 Minuten lang schlagen, bis sie hell und dickflüssig wird.

Die Zitronenschale entfernen und den Wein zur Eigelbmasse geben. Mehrere Minuten lang kräftig schlagen, bis die Mischung leicht ist und sich ihr Volumen verdoppelt hat. Vom Herd nehmen. Die Hälfte des Eischnees unter die Eigelbmasse heben, um sie zu lockern. Wenn sie vollständig eingearbeitet ist, den restlichen Eischnee vorsichtig unterheben. Sofort mit der Haselnusstorte servieren.

Diese köstliche Torte lebt in der Erinnerung der Familie weiter, aber nicht in geschriebenen Worten. Wir haben sie nach einem Rezept der Fantasia Bakery nachgebacken, einer berühmten, inzwischen geschlossenen Bäckerei in San Francisco. Ernest Weil, der Besitzer, war ebenfalls ein deutscher Jude aus Landau und ein entfernter Verwandter. Die Soße wird aus Weinen hergestellt, die denen ähneln, die der Betrieb unseres Großvaters in den 1920er und 1930er Jahren verkaufte.

Linzer Torte

ZUTATEN

8-10 Portionen

Große gewellte Tarteform mit herausnehmbarem Boden, 23 cm Durchmesser

Backpapier

Backpinsel

240 g Mehl

170 g gemahlene Haselnüsse oder Mandeln

100 g Zucker

110 g brauner Zucker

1 Teelöffel Zimt

1 Teelöffel Kakao

170 g ungesalzene Butter, in 1,5 cm große Scheiben geschnitten

2 leicht verquirlte Eier

1 Esslöffel geriebene Zitronenschale

1 Esslöffel Rum oder Brandy

225 g Himbeerkonfitüre

1 Eigelb, verquirlt

Die Linzer Torte ist ein klassisches mitteleuropäisches Dessert, das in unserer Familie normalerweise in den Wintermonaten serviert wird.

Die Torte hält sich in Folie eingewickelt bei Zimmertemperatur eine Woche und lässt sich gut einfrieren.

Die ersten sechs Zutaten in einer Küchenmaschine vermengen. So lange rühren, bis eine feine Mehlstruktur entsteht. Butter hinzugeben und rühren, bis die Mischung groben Krümeln ähnelt. Zwei Eier, Zitronenschale und Brandy hinzugeben. In 10-15-Sekunden-Schritten rühren, bis der Teig eine lockere Kugel bildet.

Den Teig aus der Küchenmaschine nehmen und in zwei Teile aufteilen: zwei Drittel für den Boden, ein Drittel für das Gitter. Den unteren und oberen Teig zu zwei Scheiben formen und jeweils mit Frischhaltefolie abdecken. Die Scheiben mehrere Stunden oder über Nacht in den Kühlschrank legen, bis sie gut gekühlt sind.

Das Backblech in die Mitte des Ofens schieben und den Ofen auf 175°C vorheizen.

Die Teigscheiben aus dem Kühlschrank nehmen. Den Boden auf einer ebenen Fläche zwischen zwei Stücken Frischhaltefolie vorsichtig ausrollen, bis er 5 cm größer ist als der Durchmesser der Form. Die oberste Schicht der Folie abziehen und vorsichtig auf die Bodenform stürzen (der Teig ist zerbrechlich. Wenn er reißt, mit den Fingern bis zum Rand ziehen). Marmelade auf dem Teig verteilen. Schneiden Sie den überschüssigen Teig vom Rand ab und stellen Sie die Tarteform zum Festwerden in den Kühlschrank oder ins Gefrierfach.

Den restlichen Teig zwischen zwei Blättern bemehlten Backpapiers zu einem Rechteck von 25 x 15 cm ausrollen. Den mit Pergamentpapier ausgekleideten Teig auf ein Backblech gleiten lassen und in etwa 2,5 cm breite Streifen schneiden. 10 Minuten in den Kühlschrank stellen, damit sie fest werden. Sobald sie fest sind, die Streifen mit verquirltem Eigelb bestreichen und gitterförmig über der Marmelade anordnen, wobei zwischen den einzelnen Streifen ein Abstand von etwa 5 cm bleibt. (Wenn die Streifen brechen, setzen Sie sie wieder zusammen.) Drücken Sie die Enden der Teigstreifen gegen den Rand der Form.

Die Form auf ein Backblech stellen. 45-55 Minuten backen, bis die Torte in der Mitte feine Blasen wirft, die Kruste gebräunt ist und bei leichtem Druck fest wirkt. Auf einem Rost abkühlen lassen und bei Zimmertemperatur in kleinen Stückchen servieren.

„War es der Duft der Nusskruste, die fruchtige Süße der Marmelade, die Mischung der Aromen oder die eigenen Kindheitserinnerungen?... Für unseren Vater Ernest war ein Stück Linzer Torte, den er zu einem besonderen Anlass genoss, ein Geschmack des Glücks."

—Ruth Landy

ZUTATEN

8-10 Portionen

Eine 23-25 cm breite Springform

TEIG

210 g Weizenmehl 550

½ Teelöffel Salz

2 Teelöffel Zucker

170 g kalte, ungesalzene Butter in 0,5 cm-Stücke geschnitten

60 ml eiskaltes Wasser

FÜLLUNG

675 g Vollfett-Hüttenkäse oder 20% Quark

225 g Schmand

2 Esslöffel Mais- oder Speisestärke, gesiebt

6 Eier, Raumtemperatur, getrennt

1 Eiweiß, leicht aufgeschlagen

150 g Zucker

10 ml Vanilleextrakt

1 Esslöffel geriebene Zitronenschale

1,5 g Weinsteinpulver

Puderzucker

Maisstärke ist ein Verdickungsmittel, das unserem Käsekuchen seine leichte, fluffige Konsistenz verleiht.

Käsekuchen

TEIG

Wenn Sie eine Küchenmaschine verwenden, geben Sie Mehl, Salz und Zucker in die Schüssel und vermischen Sie alles. Die Butter hinzufügen und kurz rühren, bis erbsengroße Teigkrümel entstehen. Langsam gerade so viel Wasser hinzufügen, dass der Teig zusammenbleibt, dann zu einer Scheibe formen. Oder mit der Hand Mehl, Salz und Zucker in einer Schüssel mischen, die Butter mit den Fingerspitzen zügig einkneten; nach Anleitung Wasser hinzufügen und eine Scheibe formen. Dicht mit Frischhaltefolie abdecken und mindestens eine Stunde oder über Nacht in den Kühlschrank stellen.

Den Teig eine Stunde vor dem Backen aus dem Kühlschrank nehmen. Auf eine leicht bemehlte Arbeitsfläche legen und zu einem Kreis ausrollen, der groß genug ist, um den Boden und die Seiten der Form zu bedecken. Den Teig vorsichtig in die Form legen und in den Kühlschrank stellen, während die Füllung zubereitet wird.

FÜLLUNG

Das Backblech in die Mitte des Ofens schieben und auf 175°C vorheizen. Hüttenkäse oder Quark in der Küchenmaschine aufschlagen, Schmand und Speisestärke hinzufügen, alles glattrühren.

In einer mittelgroßen Schüssel die Eigelbe mit einem elektrischen Mixer bei hoher Geschwindigkeit mindestens eine Minute lang schlagen. Geschwindigkeit auf mittlere Stufe reduzieren und 100 g Zucker, Vanilleextrakt und Zitronenschale hinzufügen. Die Quark-Sahnemischung unterheben.

In einer großen Schüssel Eiweiß und Weinstein mit hoher Geschwindigkeit schaumig schlagen. Langsam den restlichen Zucker hinzufügen und schlagen, bis sich steife Spitzen bilden. Die Quark-Sahnemischung vorsichtig unterheben, bis sie gut eingearbeitet, aber noch schaumig ist.

Die mit Teig ausgekleidete Form aus dem Kühlschrank nehmen; den Boden und die Seiten der Kruste mit Eiweiß bestreichen. Vorsichtig die Füllung einfüllen. 50-60 Minuten backen bis der Kuchen goldbraun ist und ein dünnes Messer sauber herauskommt. Der Kuchen wird wie ein Soufflé aufgehen. Den Ofen ausschalten, die Tür einen Spalt breit öffnen und den Kuchen 20 Minuten lang abkühlen lassen. Aus dem Ofen nehmen und auskühlen lassen.

Unmittelbar vor dem Servieren mit Puderzucker bestäuben. Den restlichen Kuchen im Kühlschrank aufbewahren.

„Ein Käsekuchen gehört zu jeder wichtigen Familienfeier, von Geburtstagen bis zu Wiedersehensfeiern. Bei diesen Gelegenheiten verbanden seine zart gebräunte Oberfläche, sein feiner Boden und sein üppiges, feuchtes Herz die verschiedenen Glieder des Familienstammbaums, die das Schicksal über Kontinente hinweg verteilte. Kein Geschmack erinnert so unmittelbar an die Liebe und Hingabe von Generationen von Matriarchen – von unserer lieben Oma bis zu meiner Mutter und meiner Tante.“

—Jacques Landy

DANKSAGUNGEN

Was hat dieses Buch inspiriert?

Ein Überseekoffer mit Monogramm, ein hundert Jahre altes Hochzeitsmenü und verzweifelte Briefe aus Kriegszeiten an die Lieben auf der anderen Seite des Ozeans. Es begann mit handbestickten Servietten und befleckten Rezepten – Erbstücken einer Familie, deren Geschichten – mit einem „n" am Ende – gnadenlos mit der Geschichte dieser Welt verwoben war.

Wir sind Cynthia und Ernest Landy – unseren Eltern, Tante und Onkel, die inzwischen verstorben sind – zu tiefstem Dank verpflichtet. Sie haben mit viel Liebe, mit der Chronik eines turbulenten halben Jahrhunderts, die Geschichte unserer Familie aufgeschrieben. Es war ein Bericht aus erster Hand über unsere Familie, die als deutsche Juden tief verwurzelt in der Pfalz waren, die Ende des 19. Jahrhunderts aufblühten, und dann in den 1930er Jahren gezwungen wurden aus Hitlerdeutschland zu fliehen. Es war eine reiche und lebendige Darstellung, aber im 21. Jahrhundert lag sie ungelesen in einer Schublade. Auch die wichtigsten kulinarischen Familientraditionen waren im Verschwinden begriffen.
Es war zwingend notwendig, dieses Erbe zu bewahren und zu aktualisieren, indem wertvolle Zeugnisse von Sue Siegel, Ernests Schwester, die ebenfalls in Nazi-Deutschland aufgewachsen war, hinzugefügt wurden. Cynthia, Ernest und Sues gemeinsamer Akt der Weitergabe machte unsere Arbeit möglich.

Wir widmen dieses Buch unserer Urgroßmutter Wilhelmina Weil – einer geliebten Verwandten, begabten Köchin und Gastgeberin, die von den Nazis im Konzentrationslager Auschwitz umgebracht wurde. Ihr Geist lebt durch ihre Rezepte, ihre herzliche Gastfreundschaft und Großzügigkeit gegenüber Bedürftigen weiter.

Wir sind den Holocaust-Wissenschaftlern dankbar, dass sie uns den Weg geebnet haben, als wir tiefer gruben. Die NYU-Professorin Marion Kaplan hat die zunehmende antisemitische Grausamkeit, die unsere Familie unter Hitlers Herrschaft tagtäglich erlebte, in ihrem Buch *Zwischen Würde und Verzweiflung Jüdisches Leben in Nazi-Deutschland* wortgewaltig beschrieben.

Frank Mecklenburg, Leiter der Forschungsabteilung und Chefarchivar des Leo-Baeck-Institutes in NY gewährte Zugang zu seiner bemerkenswerten Sammlung deutsch-jüdischer Kochbücher über die Jahrhunderte hinweg. Cara de Silva, die Herausgeberin von *In Memory's Kitchen*, fängt auf bewegende Weise die Kraft jüdischer Essenstraditionen ein, wenn ältere weibliche Häftlinge über ihre Lieblingsrezepte diskutieren, obwohl sie im Ghetto Theresienstadt verhungern müssen.

Wir sind den kulinarischen Ikonen zu Dank verpflichtet, die die reichen Traditionen der

(Pfalz)
119
Von
PÄCKRAUM

jüdischen Küche bewahrt und bekannt gemacht haben: Claudia Roden, Joan Nathan und Leah Konig. Gabrielle Rossmer Gropman und ihre Tochter Sonya Gropman haben das maßgebliche zeitgenössische Werk über die deutsch-jüdische Küche und ihre Geschichte geschrieben. Wir haben es häufig zu Rate gezogen, um uns zu orientieren. Wir danken Stephen Satterfield, dem Gründer von Whetstone Media, die Erfahrungen unseres Großvaters als jüdischer Weinhändler in Nazi-Deutschland einem größeren Publikum vermittelt zu haben. Dankbar sind wir auch zwei geliebten Orten in San Francisco, die uns erfreut und inspiriert haben: Fantasia Bakery (1948-1989) und Omnivore Books, das regelmäßig jüdische Esskultur und Kochbuchautoren vorstellt.

Bilder sind ein wesentlicher Bestandteil unserer Geschichte. Wir schätzen das Familienarchiv sehr, das Ernest Landy und unsere Großmutter Erna Levy in ihren Koffern mit sich führten, als sie den Atlantik überquerten, um der Verfolgung in Nazi-Deutschland zu entkommen. Ihre Bilder und Dokumente lassen längst vergangene Ereignisse wieder lebendig werden. Ein großer Dank geht an Nancy Windesheim für ihr klassisches und modernes Design, an Jung Fitzpatrick für ihr kreatives Food-Styling und ihre Fotografien, an die Fotografin Pavlina Ecclesiarhou für ihr begnadetes Auge und ihren großzügigen Geist, an Anthony O'Donnell für seine sorgfältige Retusche und das Einscannen und an George McBean für seine künstlerische Wiedergabe des Bauernhauses unserer Urgroßmutter in der Pfalz, an das sich ihre Enkelin Sue mehr als neunzig Jahre später noch erinnerte.

Worte sind wichtig. Die Autorin und Redakteurin Kristen Cosby leistete ebenso wie Linda Campbell, Vanessa Kitchen, Eryka Milligan und Lisa Poulson unschätzbare Beiträge zu unserer Erzählung. Herzlichen Dank auch an Ellen Geiger für ihr wertvolles redaktionelles Feedback und ihre Ermutigung.

Die Wiederbelebung unserer Familienrezepte für die Köche des 21. Jahrhunderts war eine kollektive Liebesarbeit. Unser tiefer Dank gilt all jenen, die unsere Rezepte in ihren Küchen getestet und verbessert haben, insbesondere Stephanie Galinson, die ihre Zeit und ihr professionelles Backwissen zur Verfügung gestellt hat, um jedes Gericht zu verfeinern.

Dank auch an Judy Landy, Nancy Bourne Haley, Liza Pannozzo, Crima Pogge, Mariam Claeson, Nina Waldman, Eryka Milligan und Nina Weil. Ohne Sie hätten wir es nicht geschafft.

Vielen Dank, Shana Millstein, für die anhaltende Unterstützung und die Erkenntnisse.

Schließlich möchte ich unserer Familie in nah und fern für ihre Großzügigkeit, Geduld und Begleitung auf jedem Schritt des Weges von Herzen danken. Dies ist für Euch und künftige Generationen.

L

IMPRESSUM

Buchgestaltung/Layout .... Windesheim Design

Food-Fotografie und Food-Styling .... Jung Fitzpatrick

Zusätzliche Food-Fotografie .... Michael Landy
(page 85)

Zusätzliche Food-Fotografie .... Ruth Landy
(pages 73, 75, 77, 83, 95)

Berater für Kochen und Backen .... David Siegel

Bildbearbeitung .... Anthony O'Donnell

Stammbaum .... Michael Landy

Bauernhausmalerei .... George McBean

Übersetzung .... Bernhard Scholten

Lektorat, deutsche Fassung .... Magdalena Barszczak
.... Birgit Emnet

Neusatz und Verlag .... Knecht Verlag Landau

BILDNACHWEIS

Die in diesem Buch wiedergegebenen Fotos und Illustrationen wurden mit der Erlaubnis und freundlichen Genehmigung der Autoren zur Verfügung gestellt:

Leo Baeck Institut NY: 19 (Lina Morgenstern Kochbuch 1907)

Villa Wolf: 21 (Pfalzkarte)

Pavlina Ecclesiarhou: 23 (Birnen), 27 (Weinglass), 38 (Kerze)

Shutterstock: 35 (Schwarzwald, Heidelbeerkuchen)

TopFoto/The Image Works: 37 (Nazi-Klassenzimmer)

Sammlung Werner Scharhag im Knecht Verlag Landau: 39 (Synagoge)

AP Images: 39 (Händedruck Chamberlain/Hitler), 45 (Passagiere der *St. Louis*)

Cartoonists Against the Holocaust by Rafael Medoff and Craig Yoe: 45

Alamy: 47 (Eisenbahnschienen)

Alle anderen Fotos stammen aus den Archiven der Familien Landy und Siegel.